Band 2

Tine Listich
vertellt midden ut'n Läben!

Geniole Schmunzel-Geschichten

Band 2

Tine Listich vertellt midden ut'n Läben!

Geniole Schmunzel-Geschichten

Plattdeutsche Kurzgeschichten
von Anneliese Hamann

Edition Falkenberg

Titelabbildung: fotolia

1. Auflage 2019

ISBN 978-3-95494-195-7
www.edition-falkenberg.de

Inhalt

August innen Störm

»Mok di fertig, August, wi möt inköpen!«, röp Erna ut'n Kökenfinster.

August, ehr Ehemann, legte de Heckenschere bisiete un köm anpedden. Gans ergeben stegt he in sine Sönndagsböxen, greep sik den Autoslötel un föhr' dat Auto vör, dat sine holde Gattin bequem instiegen könn.

Erna harr no de Hochtiet vör 38 Johren sofort dat Regiment öbernohmen. He mök meist ohne Wedderspräken dat, wat se woll. So güng he väl Striet ut'n Wege, he wüsst' jo, wo luut Erna schimpen könn. Se behöl jümmer Recht un dat leste luute Wurt, wenn se sik mächtig vör em upboen dö.

To Anfang von sine Ehe smeet he ehr moll wat vör, aver se smeet em dat wedder no. För em wör de Ehe de enzige Lievegenschap, de gesetzmäßig verlövt is. Also eene vonnen Staat sanktschoneerte Tyrannei. Sine Ehe mit Erna wör von Anfang an Augusts Schicksalsbejahung.

»Och!«, dacht' he foken. »So 'ne Ehe is'n verkehrtet Fieber, dat mit Hitze anfangt un mit Külle uphört!«

He schöv den Inköpswagen dör den Supermarkt un Erna pack rin, wat se bruukten. In de Getränkeafdeelung füll August een Sonnerangebot up. Sine Beermarke schöll 15 Euro kösten, de woll he mitnähmen, aver Erna bläkte: »Näääää!« Anslutent günn' se sik eene Huutcreme för 25.90 Euro. Doröber stegt Arger in August hoch un he quengel': »Minsch Erna, de Kasten Beer hölpt gewiss mehr, di schön to finnen, as de düre Creme!« Jungedi, do wör de Striet aver ingange!

Avends seet August up'm Sofa un keek in de Glotze. Erna köm un keek scharp up den Bildschirm.

»Dat Bild is jo unscharp! Worüm dat denn?« August tuckte mit de Schullern un grinste ehr an.

»Weil de Fernseher vullstövt is!« Jungedi, do köm de nächste Striet ingange!

August mök sik Gedanken, wat he Erna to'n runden Geburtsdag schenken könn. Se vertell' ehren Wunsch: »Wat lüttes Swartes, kann gebruukt wäden, schall aver wenigstens von 0 up 100 in poor Sekunden kaumen - dat wünsch ik mi all lange!«

August, de bäten depperte Ehemann, schenkte ehr eene swartlackeerte Wachte ut'n Soziolkophuus - un denn brök een mächtiger Striet los, de säben Dage duerte.

Statt as Hafen innen Störm belävte August de Ehe as'n gewaltigen Störm innen Hafen.

Bärenfang in Kanada

Willem Piepenkötter drüpt Hein Brömer tofällig und stellt fast, dat Hein gans flott antogen is: He hett'n Hot up, n' feinen Mantel an, schicke Böxen öbern Mors un hellbrune Ledderschoh anne Föten. Hein stigt jüst ut si'n sülber glänzendet Auto ut, as Willem ropt: »Minsch Hein, lange nich seh'n! Wo heste denn diene schicken Klamotten un dat nee Auto her?«

»Tschä«, secht Hein, »dat Geld dorför hebb ik mi in Kanada verdeent!«

»In Kanada?«, staunt Willem un kricht den Mund gor nich wedder dicht »wo dor denn un womit?«

»Tschä«, secht Hein »Ik hebb dor Grizzlybär'n fungen un de hebb ik an de Garde vonne Queen innen Buckingham-Palast verköfft. De mokt dor de Bärenmützen von.« Nu well Willem wäten, wie Hein dat mokt hett.

»Tschä«, secht Hein. »Ik hebb mi von eenen Krabbenkutter-Fischer een olet Fischernetz besorgt un bün dormit no Kanada föhrt un hebb denn Grizzlys fungen. Dat kanns du ok. Besorg di man ok een Fischernetz, un af dormit no Kanada. Denn sochst du die Felsenhöhlen un dor hangst du din Netz vör dat Lok un ropst gaaans lut - Huhuhu, Huhuhu - denn kaumt de Bären ruut un du hest jem, is heel enfach!«

Een halbet Johr loter drüpt Hein den Willem wedder uppe Strooten. Willem hett den rechten Arm un dat linke Been in Gips un si'n Kopp is gans mit Mullbinnen ümwickelt.

»Minsch Willem!«, ropt Hein »Wat hest du denn bloß mokt - büst du ünnert Auto kaumen?«

»Nää, dat hebb ik mi bi'n Grizzlyfangen infung'. Ik hebb nämlich allens so mokt, as du mi dat vertellt hest. Ik hebb mi de grötste Höhle utsocht, hebb dor min Netz roberspannt un hebb sogor dreemoll – Huhuhu, Huhuhu, Huhuhu – ropen!«

»Tschä, un denn?«

»Oh Mann, un dor köm keen Grizzly ruut, sonnern een Gütertug!«

Beschipste Keerlslüde

Een Keerl mit'n utwassenen Kater hett em ut verschiedenen Grünnen - bloß nie nich dorüm, weil he to veel Alkohol intus hett - keen Keerl givt dat jemols to! Dor sünd jümmer annere Gründe an schuld ... de Luft bi de Vereensfier wör stickig, dat irste kohle Beer up nüchternen Mogen, de Zuppen to heet, to sölt ... un denn harr he ok noch Zug annen Kopp kregen!

Dat vertellt he di, wenn du em nachts von de Fier afholen wullt. He well noch nich no Hus, »Dor kennt se mi jo alle!« He föhlt sik von denn Beergeist to wat Groodet beflögelt. Entweder well he een Leed udder eene Rede vördreegen, udder villicht sogor Handstand mit Överschlag moken, un sogor nachts üm Twee noch sine Schwiegeröllern anstännig de Menung per Telefon geigen.

Aver sine Zaubernummer, een Beerglas von den Disch to smieten, dat dobi heel blieben schöll, de hett he mit Schmackes dörtogen!

Mann, dat wör indrucksvull! Beerglas in dusend Scherben, weil de Wirt meent hett, dat sowat nich güng, un all gor nich innen besopenen Kopp.

Bi enige Keerls plegt sik ünner Influß von Alkohol dat freidige Gemüt up eenmoll to verdüstern. De hangt meist up'm Barhocker un klogt, dat keener jem mag. Un oberhaupt wüsste keen Minsch up düsse Welt ehren grooden Weert to schätzen.

Annere alkoholbeseelte Mannsminschen weerd von Öbermot packt. De föhrt up eenmoll de dullsten Dänze un akrobatische Störtereen vör, un föddert Anerkennung, nodem se sik twüschen Dische un Stöhle wedder uprappelt hebbt. Denn geiht dat wedder wild los, bet de Musik to Enne is.

Ünner Ümstännen kann dat jo ok groden Spoß moken, eenen Apatschendanz mit to moken. Dorno geiht dat an de Theke, he ordert önnig vulle Beergläser un lett de urole Begrünnung to'n Supen los. »So jung kaumt wi nich wedder to hopen!«

He beslutt, noch lange an de Theke beheimatet to blieben. Dorbi künnt di woll as autoföhrende Afholerin un Ehefro echte Mordsgedanken kaumen.

Aver gans verkehrt isset, düssen stark beschwipsten Minschen up'm Kopp to toseggen, dat he sturzbesopen is. So kriegste em nich up den Weg no Hus, denn Alkohol is de enzige Feind, denn he leev hett.

Beer is eene Flüssigkeit, worin mehr Keerls versupt as innen Meer.

Dat gediegene Fohlen

Bi Buer Hinnerk Martens schöll een lüttjet Peerd to Welt kommen. De Tierdokter köm jeden Dag un keek no de weertvulle Stute, de dat Peerkind innen Buuk harr. Swart un rassig wör de baldige Peermama. Unruhig un dickbuuksch pedd' se innen Stall rüm, blos' de Nüstern up un stell' de Ohrn hoch.

»Wenn't man bloß goot geiht« , dachte Martens Buer. Düt Peerd harr em bannig väl Geld köst, dat wör een Turnierpeerd.

Nu schöll dat irste Fohlen kommen, dormit he een lüttjen Erdrag kreeg'. Hinnerk sine Else schimpte dull över dat düre Peerhobby. He harr sik dat Peerd enfach ohne ehrt Wäten to legt. Un nu mösst he seh'n, wie he dor mit fertig wör, se woll sik rein üm nix kümmern. Dagsöber wör Hinnerk innen Peerstall to finnen. Nachts stünn' he alle twee Stünnen up, un sleek in denn Stall – nix wör los, uter, dat dat Peerd unruhig hen un her pedden dö.

Else quarkte, wenn Hinnerk nachts in si'n langet, wittet Ünnerhemd un Slopböxen no'n Peerstall sleek. »Denn kanns' ok glieks dor blieben bi di'n dösiget Peerd« , röp se em no.

»Du ullet Wief, dat do ik nu ok«, dacht' he un keek dat Peerd vergrellt an. Jümmer dat Glieke!

Nix dö sik! Hinnerk schöv sik Stroh to hopen un smeet sik rin. Buten woll dat all hell weern.

Hinnerk japp' luut un slöp denn in.

Gans gediegen wör dat – warm'n Wind blas' em in't Gesicht, un denn hör' he eeenen Keerl luut lachen. Hinnerk reet de Ogen up, oh Mann! Een swartet Peermul wör över em un twee düstere Ogen glotzten em an.

De Keerl, dat wör de Tierdokter, keek in denn Strohklumpen mit Hinnerk dor binnen un wies' up de witte Ünnerböxen.»Hest di woll in Peerappels suhlt? Minsch, wat deist du hier överhaupt?«

»Ik töve hier up dat Fohlen, Dag un Nacht!«

Dat Anreden-Lexikon

Een Lexikon is weertvull, lehrriek un jümmer to bruuken. Seit längerer Tied givt dat sogor een Anreden-Lexikon. Rutgeeven hett dat de Beck Verlag in München un sreeven hett dat Otto Krabs.

Aver woto genau bruukt man düt? Ik meen', verkehrt is de Lektüre nich, ik hebb dor in rüm blöert, is würklich intressant.

Wenn usereens moll inne Gesellschap gerort, wo gans unverseh'ns een Regeerungsminsch updukt, kann dat to'n Albdrom weern, wenn'n nich weet, wie man düsse Persönlichkeit anreden mutt. Mit »Hallo« un »Gröt Se, Herr Sowieso« un »Dag ok« is dat denn nix.

Wenn di een Unidirekter inne Möte kummt, kannst em nich enfach »Dag« seggen. De freit sik bannich, wenn du em hochakademisch mit»Magnifizenz« begröten deist. Dormit kannste imponeern! Wenn di allerdings de Bunnespräsident över'n Weg lopt, kannst em woll tödlich dreepen mit düssen losen Gruss.»Na Meister, allens klor dor boben?« Eene Protokollchefin bruukt nicht fürstlich mit »Durchlaucht«, sonnern mit »Erlaucht« bedacht weern (wat jümmer dat ok heeten mag).

Studeerte Salonlöwen verstoht all düsse Rituole, ik as schlichte Stüertahlerin nich.

Woher schall ik wäten, dat de Gesandte vonne päpstliche Kurie, de ok Apostolischer Nuntius nömt ward, up de persönliche Anrede fest mit dat groode Wurt »Exellenz« räknet? Dorgegen betitelt man de Kardinäle mit »Eminenzen« - bloss nich to verwesseln mit Emanzen!

Wer seggt mi aver, wie man eenen hierher geflüchteten Hindukusch-Krieger, so innen Deenstgrad vonn'n Bunneswehr-Flottenadmiral nömen schall - wat för'n Titel hett de bloß?

Un wer seggt mi, welken Minschen man mit Hofknicks un »Majestät« begröt'?

Dat Anreden-Lexikon! Dor steiht för dat intresseerte Publikum binnen, wat dat all för Titulaturen givt. Dat wiest us dat perfekte Benehmen gegenöver den Adel un ranghoge Lüde. Rieke Minschen sünd in de Lage, sik Adels-Titel to köpen.

Wenn eener, worüm ok jümmer, de Audienz bi'n Papst toseggt kriegt, snackt he em richtig mit»Heiliger Vater« udder »Eure Heiligkeit« an. Wie een Botschafter anred' ward, weet ik nich, aver ik weet, dat Botschafter Minschen sünd, de von de Regeerung betohlt weerd, dormit se dat Land verlot ...

Dat schöll us doch to denken geben!

De Wirtschaffslage is nich good, ok in Amerika nich. Dor hett sik een Langtieds-Arbeitsloser as Reinigungskraft bi Microsoft beworben. He tövte up Antwurt un endlich köm de!
De Personolleiter woll em eenen Test moken loten. De Bewerber mök den Footbodden in den Flur önnig un fix rein. Doruphen mök de Personolleiter eenen Interview mit em, un deelte em mit: »Wi sünd tofräden, Se sünd düchdig, Se sünd instellt. Gävt Se mi eben Ehre E-Mail-Adresse un ik schick Se de nödigen Ünnerlogen to.«

De Keerl antwurte em, dat he gor keenen Computer harr un von dorher ok keene E-Mail-Adresse. De Personolchef wör baff, so wat – keene E-Mail! Denn deelte he kört un kolt mit, dat de Minsch ohne E-Mail-Adresse nich existeeren un von dorher ok nich anstellt weern könn.

De Arbeitslose güng vertwiebelt mit Restklötergeld von 10 Pounds inne Böxentaschen no sine spärliche Behusung. Wat nu? Nu is gooder Rot düer, wer nöhm em bloß ohne E-Mail-Adresse? He harr hört, dat Computers de klögsten Idioten wören, de dat gäben schöll. Wör dat würklich so? Aver so eene Genieprothese kann he sik doch nich leisten!

Uterdem harr he ok läst, dat düsse Dinger de logische Wieterentwicklungen von Minschen sünd: Se schöll'n intelligent wäden, aver gänzlich ohne Morol.

Uterdem schöll'n se de Lösung von väle Probleme wäden, de dat ohne jem höchstwohrschienlich nich geevt!

Nä, nä, he mößte kieken, dat he ohne E-Mails trechte köm. He könn jo man nich sägen: Lot mi moll dör, ik sök den Weg in dat Wunnerland! Man is jo nich bi »Wünsch dir was« sonnern »So isses!« Leider!

He mök sik Gedanken un beslöt körtehand, in den nächsten Supermarkt to goh'n un 10 Kilo Tomoten to köpen. Dormit güng he von Dör to Dör un verköfte de Tomoten innerhalv von twee Stünnen. He harr si'n Kapitol verduppelt! Düsse Aktschon wedderholte he dree Mol un harr avends 160 Pounds tohopen. He realeseerte, dat he up düsse Art un Wiese sine Existenz bestriern könn.

Jeden fröhen Morn wör he mit de Tomate-Aktschon ünnerwegens un köm avends fix un all no Hus. No körter Tied köft he sik een lüttjet Auto, denn eenen Lastwagen. De Geschäfte löpen bestens, weil he fliedig bi de Sake wör un reknen könn. No een poor anstrengenden Johren harr he eenen lüttjen Fuhrpark mit fief LKWs, dorto ses Angestellte, de ok all keene E-Mail-Adresse harrn. Innerhalv von knapp teihn Johren wör he Besitter von eene groode Läbensmittelkette in Amerika.

He beslöt, an de Tokunft von sine Lüde un sik to denken un löt sik von eenen Beroter eenen Finanz- un Vorsorgeplon utarbeiten.

De Beroter fröcht em , ob he de E-Mail-Adresse hebben könn, üm de Ünnerlogen totosenden. De E-Mail-lose Geschäftsmann vertellte em, dat he keenen Computer un somit ok keene Mail-Adresse harr.

De Beroter keekt unglövsch, un röp: »Kurios! Se hebbt een Imperium upbot un besitt nich moll 'ne E-Mail? Stellt Se sik bloß moll vör, wat Se mit'n Computer allens bewerkstellicht harrn!« De Geschäftsmann griente em an: »Denn wör ik Putzmann bi Microsoft!«

De Banköberfall

Dat geiht up Fieravend to. In de lüttje Bankfiliale up'm Dörp is bald Deenstschluss. De Kassererin hett dat Geld all tellt un afreekend. Se well dat jüst no ünnen in den Tresor bringen, as mit eenen Ruck de Dör openstöht ward un een Maskierter sik direkt vör den Schalter upbot.

Stockstief vör Schreck blivt de Kassererin stoh'n un schlottert an Arms un Beene, ohne dat se wat dorgegen moken kann. Se ward blass, as de Maskierte luuthals bölkt: »Sofort kummst du an den Schalter un langst mi den Geldkassen her! Aver dalli!«

Se kikt in düsteren, steekenden Ogen. Si'n Gesicht hett de Räuber bet ober de Näse mit een düsterblauet Dook dichtbunnen. Up'm Kopp sitt eene swarte Pudelmütz bet över de Ogenbrauen. De Räuber is middelgrood un rundlich. Upfällig sünd sine O-Beene mit de swatt-witten Turnschoh'.

Blitzschnell hett se dat all registriert.

»Kiek nich so, beweg' di, as knallt dat glieks!« He schuv sik gans dicht an den Schalter ran. He hinkt bäten mit dat linke Been.

»Wo is di'n Mitarbeiter?«, blafft he.

»Hett all Fieravend un is weg!«, sleit se geistesgegenwärtig ruut, obwoll de Kollege achter de Köllerdör steiht. Hoffentlich blivt he dor! Siker hett he den Öberfall mitkreegen.

De Maskierte fuchtelt wild mit'n swarte Pistole vör de Kassen-Glasschieben rüm. Angstsweet brikt ehr ut, as se denkt: »Oh Gottogott! Kaum ik hier läbend ruut?« Se kikt direkt middenmang in de Pistolenmündung. »Ob de woll echt is?«, sust ehr dat dör'n Kopp. Aver dat well se gor nich wäten.

»Los, mok de Schieben hoch! Schuuv den Geldkassen dör!«, föddert he luutstark un fuchtelt mit dat Scheetisen.

Zitternd drückt se de Schalterschieben hoch un well eben heimlich up den Alarmknop drücken, aver dat ahnt de Räuber.

»Halt! Hoch mit de Hänne! Du drückst nix, as knall ik di dol!« He hett sinen Kopp dör de half opene Schieben stäken un tüht em nu wedder fix trücht. Dorbi rutscht em de Mützen vonnen Kopp un fallt dol. Se kriggt eenen Glatzkopp to seh'n un groode Segelohren.

Trotz de gefährlichen Situatschon mutt se grienen, weil he so belämmert utkikt. He ritt sik de Mützen obern Kopp un brüllt hektisch: »Du hest tolest grient in di'n Läben! Ik knips di ut! Du hest mi seh'n!« De Pistolenlop wiest up ehren Kopp. Ehr ward gans anners to Mote, aver se ropt noch eben vertwiebelt mit swacher Stimme: »Se schölln man noch eben lachen, Herr Bankräuber - wo Se doch so nett filmt weerd!«

»Ik un filmt?? Wieso hier up'm Lanne?«, frogt he unglöwsch.

»Aver jo doch!«, bestätigt se mit'n Rest von Stimme »Se wät totsächlich nich, dat Se von Anfang an in de nee automatische Kamera keeken hebbt? De Polizei is siker all ünnerwegens - de hebbt Ehr Bild in de Steekbreefkartei mit de in dat Archiv siker afgleeken!«

Innerlich bebert se un de Sweet lopt ehr den Puckel dol. Oh Gott - wat duert de Sekunden lange!

De Maskierte glotzt ehr schockiert an, dreiht sik üm un lopt ruut, so fix as he kann. Se schüddelt sik. Se lävt! Un he is weg! De Geldkasette steiht achter ehr up de Aflage.

»Oh Mannomann Fro Schneider! Dat is noch moll goodgoh'n!«, ropt de Kollege, de wachsbliek achter de Dör upduukt.

»Aver eene nee, automatische Kamera hebbt wie doch nich - wi hebbt gor nix! Fro Schneider - weet Se dat denn nich?«

»Ik weet dat woll, aver de Räuber weet dat nich ...«, japst se noch so eben, weil ehr swinnelig ward un denn gävt de Beene no - un denn fallt se den Kollegen sachte in de Arme...

De gefährliche Test

De flotte Harry is verlobt, aver he well sine Freeheit noch geneten. bet to de Hochtied jedenfalls. Siene tokünftige Schwägerin kümmert sik un besorgt allens, wat to de Fier bruukt ward: Karken un Paster, Fotogrof, Gastwirtschaff, Blomen, eben üm dat ganse Brimborjum.

Harry denkt irnstlich no, wat Heiroden bedüten kann. In irster Linje weerd sine Rechte halbeert un de Plichten verdubbelt - udder is dat de irste Dummheit, nodem man vernünftig wurn is?

Aver siker is, so denkt de flotte Harry, dat Heiroden een irnsthaftiger Schritt is, dör den he dat mit all annere Froen verdarvt, bloß üm de eene to kriegen.

Aver man to, he hett sine Bruut gern, nä, he gesteiht sik in, dat he ehr leev hett! Hoffentlich drüppt dat nich in, wat Fründ Hannes meent: De Leev mokt so lange blind, bet eenen de Ogen upgoht!

Tschaa ... eene Fro schall eene Anschaffung för dat ganse Läben wäden! Harrys Casanova-Läben schall vörbi wäden, endgültig! Wör jo ok anstrengend genog.

Eben hett Schwägerin Gunda anropen. Harry schall no ehr herkaumen, se wüllt tohopen nochmoll de Gästeliste dörkieken.

»Oh, oh!«, denkt Harry up den Weg dorhen, »De Schwester von miene Bruut is klok un erfohren un uterdem, dat is dat Dullste, ok noch supersexy! Ik mutt mi tohopenrieten!«

He kiekt innen Heben. »Min leever Gott, stoh mi bi, dat ik bloß nich in Versökung kaum!« -

No jau, de Beiden goht de Gästeliste dör, besnackt düt un dat un denn steiht de Schwägerin up un holt wat to drinken.

»Oh, dat wör aver Tied!«, stöhnt Harry vör sik hen. »Länger harr ik dat nich utholen könnt, so dicht bi ehr to sitten, wo ehr Rock gans hochrutschen dö – de langen Beene, de deepe Utschnitt un dat Parfüm – de reinste Anmoke!«

He transpireert bäten, un dat well wat heeten!

Gunda kummt mit Sekt, se drinkt beide up de Hochtied un goodet Gelingen. Se kikt Harry gans seltsam deep in de Ogen, lehnt sik an em un gurrt mit deepe Stimme: »Harry, du büst so een dullet Mannsminsch – du mokst mi reinweg verrückt!«

Harry kriggt eenen drögen Hals, kann't nich foten! De Gunda well em!

»Harry, bald büst du mit mine Schwester verheirot un denn is mit us beiden nix mehr möglich!«, säuselt se. »Du, ik wünsch mi nix mehr, as eenmoll mit di tohopenwäden.«

Upreizent tänzelt se up ehre Slopzimmerdör to, dreiht sik üm un kikt em rutföddernd an: »Wat is, keen Mot? Na, du weeßt jo, wo de Huusdör is, falls du nich blieven wullt.«

Weg is se! Harry steiht minutenlang as fastgenogelt inne Stuv, völlig neben sik. Wat is dat denn, well em Gunda verföhren??

Oh jau, so isset! Up eenmoll wör em klor, wat he moken mößt.

He rönnt ut de Huusdör, ober de Strooten up sien' Auto to.

Aver wat is dat nu? Neben sie'n Auto steiht de tokünftige Schwiegervadder un grient fründlich. He haut Harry up de Schullern, drückt em fast de Hand und meent: »Harry, wi wollen di testen, üm gans siker to wäden, dat use Deern eenen ehrwürdigen un vör all'n eenen treuen Keerl kriggt! Ik hebb di anfangs nich trot, weil du so väle Fründinnen harrst, hebb glövt, du wörst een Hallodri. Aver du hest den Test mit Bravour bestoh'n!« –

Harry is totol perplex, aver he fangt sik wedder und denkt bi sik: »Oh Mannomann! Wat för een Glück, dat ik de Verhüterlis innen Auto harr un nich inne Böxentaschen!!«

De Geschichte von den Trabbi

Up eenen Autobohn-Parkplatz steiht een Trabbi-Auto. De Fohrer dorbinnen mokt eene Kaffeepause.

Eene Nobel-Karosse von Auto stellt sik neben em to'n Parken. »Mannomann!«, denkt de Trabbifohrer. »Dat is'n Geschoss! Lang, breet, rot glänzend un mit'n Steern vörne up!«

He strokelt öber si'n Lenkrad un meent: »Mit de Mackers näben us künnt wi nich mitholen. Dat wüllt wi ok gor nich. Du mi'n ole, blaue Trabbi – du gefalls mi un hest mi noch nie nich innen Stich loten!«

He kurbelt sine ächzende Sietenschieben langsom rünner un winkt den Mercedes-Fohrer to.

De lett in Sekunnenschnelle sine Schieben luutlos runnergleiten un kikt arrogant frogend.

»Möcht Se ok eenen Kaffee hebben?«, frocht de fründliche Trabbi-Fohrer.

Gans erstaunt well de Benz-Föhrer wäten: »Och wat? Hebbt Se eene Kaffeemaschin' in den Trabbi inbot?«

»Jau kloar! Allens serienmäßig!«, ropt de Trabbi-Besitter un freit sik, dat he ok moll angeben kann.

De Benz-Besitter well dat mit de ingebote Kaffeemaschine nich glöben. He kikt up sine Rolex annen Handgelenk un beduert, dat he sofort los mutt, wichtige Termine. Aver he verinbort mit den Näbenmann, dat se sik in twee Wäken üm de glieke Tied hier wedderdräpen wüllt.

No twee Wäken stoht beide wedder nebeneenanner up den glieken Platz. De Benz-Fohrer beert den Trabbi-Mann eenen Kaffee an, aver de lehnt höflich af un meent: »Och nääää – ik drink vandage leeber Cappucino!«

Düssen Geldminschen well he wat bewiesen. De schient ok noch grooden Weert dorup to legen, dat dat Brett vör sinen Kopp ut Teakholt is!

»Dat giv et doch nich!«, schimpt de Benz-Fohrer: »Ik hebb een Auto von 60 000 Euro un doch väl weniger Extras as een Trabbi! Is denn dat de Möglichkeit? Dor mutt ik noch an arbeiten!«

He haut up sin' wittet ledderbespanntet Stüerrad un schüddelt mit'n Kopp. Si'n Sülmstbewusstsien schwankt bedenklich. Well de Trabbi-Minsch em bloß vör'n Narren holen? Verdammich, he hett doch Geld, he lett sik ok eene Cappucino-Maschine inbo'n. Den Trabant well he bewiesen, wat de Benz allens upwiesen kann. He verinbort mit sinen Näbenmann wedder een Dräpen in twee Wäken, wedder up düssen Parkplatz.

No twee Wäken is de Trabbi all up sinen Platz, as de Benz ankummt.

De Benz-Minsch blivt sitten un kikt röber, wat de Trabbi-Minsch mokt. De mokt nix.

No teihn Minuten stigt de Benzbesitter bedächtig ut un kloppt an de Trabbischieben. De Schieben sind rundüm beslogen, kann'n nich dörkieken. De stolte Benz-Besitter grient. Dat kann ein jo nich passeer'n, he hett vullautomatische Rundüm-Lüftung. He ropt luer: »Hallo Herr Trabbi, wüllt Se nu eenen Cappucino von mi hebben?«

De Antwurt kummt gedämpterwiese: »Poor Momente Gedür! Bün glicks fertig – ik dusche man jüst!«

De Immenstich

Hannes spälte imnen Goern an dat groode Blomenbeet.

Up eenmoll köm he mit luutem Gebrülle inne Köken anlopen, wo Mama jüst dat Avendäten mök. He höl sinen lüttjen Arm hoch un weente so dull, dat em dicke Tronen öber de Wangen kullerten: »Mama, auahh!«, schnuckte he »Kiek moll, mi hett wat stäken! Dat killt so düchdig ... Mama!«

Mama bekeek sik den Arm un wör glieks eenen Stachel gewohr – eenen Immenstachel. Se hol' ehre Pinzette, nöhm Hannes fast in eenen Arm un tögt flink den Stachel ruut.

»Auahh!«, jammer' he, aver Mama tröste em: »Is glieks goot min Jung!«

Se löt Hannes up'm Stohl sitten, nöhm eene Ziepoln, schneer de dör un drückte eene Hälfte up Hannes' Arm. De Jung keek ehr verdutzt an un Mama verklorte em: »Hannes, di hett eene Honnigimme stäken ...«

»Böse, doofe Imme, doofe Imme!«, röp Hannes, aver Mama dö em kund: »Hannes, moll tohören! Düsse Imme, de di stäken hett, mutt starven, weil se ehren Stachel verloren hett. Dat is gans schad', weil Immen so nützlich sünd. Se sammelt fliedig Honnig, den gansen Sömmer öber, besonners för us Minschen. Immen sünd nich böse un doof, se stäkt man bloß, wenn se in Gefohr sünd. Segg moll, wo is dat passeert?«

»Mama, ik woll di poor Blomen plücken un up eenmoll brummten väle Immen üm mi rüm. Ik hebb mit de Arms rudert un do hett mi eene stäken.«

»Du hest Glück hat, Hannes! De Immen hebbt Angst krägen, dorüm hett di eene piekst. Niemols draffst du üm di hau'n, wenn Immen udder Wespen inne Nöchte summt.

Bliev enfach still stoh'n un denn bewege di langsom weg. Hannes, du draffst ok buten nix Sötes drinken un äten, weil dat Immen un Wespen antüht. Dorbi kann di moll eene in den Mund stäken, wat gefährlich is. Weeßt du Bescheed? Un nu, min Jung, hol ik de Köhlkompresse. De leg' ik üm den Arm un schasst moll seh'n, bald hest du keen Auah mehr.«

Hannes frögt lachend: »Mama, ik weet nu, worüm de Immen so fliedig Honnig sammelt! Se summt jümmer bi de Arbeit.«

Oh, wat tröslich!

Hans-Willi meih' den Rasen. Dat wör'n temlich groode Fläche, aver dat mök em nich veel ut.

He seet up si'n Motor- Rasenmeiher, de mök allet von alleen, he mößt' bloß stüern. Dat dö he to gern, obwoll si'n Dokter em indringlich seggt harr, dat he sik mehr bewegen schöll. Dat wör wegen den dicken Buuk, den Hans-Willi vör sik her drög'.

De leste Generalünnersökung harr ergeben, dat he dat mit de Galle harr, un up den besten Weg wör, sik eene Fett- Läber totoleggen. Uterdem wör si'n Körper zuckerverdächtig.

He mögt geern Cola mit Rum un eet gern väl Fleesch. Wenn he nix ännern dö, meen' de Dokter, mell'n sik bald Krankheiten an.

Jau, so'n bäten Liefkäl harr he af un to moll, aver sons ...

Sine Süster un he lävten tohopen. Se verstünn' goot to koken. Siker wören beide dorüm nich de Schlanksten.

Up eenmoll, up'm Schlag, kreeg' Hans-Willi düchdige Buukpien. He stegt von de Meihmaschine af un löp hen un her, aver de Käl'n wörn jümmer duller.

Am Enn'n wörn dat Koliken - och du leebe Tied! Hans-Willi stört' in't Hus un röp no de Süster. He mösst fix no'n Klo. He wüsst nich, wo dat rut woll, boben udder ünnen. Em wör mitten Moll schlecht.

As he de Ogen openschlög, leegt he up de Upwak-Station. Se harrn em anne Galle opereert - he wör steenriek wäden. Een gansen Büddel vull bunte Steene harr he in sik hat, vertell em de Dokter.

Och jo, nu könn he sik jo utrauh'n! Slopen un lesen, so verkehrt wör dat gor nich.

Aver dat hett he bloß dacht: An'n nächsten Dag rückten de irsten Verwandten an.

Dat he so väle harr, wunner em – in de nächsten Dage fünn' he keene Ruhe.

Johrelang harr he wenig von jem hört, aver nu kömen se. Woll'n de em nu all bearben?

Se seeten an si'n Bett as de Hyänen. Tante Guste, Onkel Schorsch, Nichten un Neffen. Se bekeeken em scharp un frögen: »Kinners, wie geiht di dat denn?« Un denn vertellten se em schreckliche Saken ut ehret Ümfeld.

Hans-Willi harr Käl'n, woll Ruhe hebben un sik nich upprägen. Se schöll'n endlich weggoh'n!

An den nächsten Dag frögt Tante Guste erbarmungslos: »Hans-Willi, weeßt du ok, wer gistern dodgoh'n is?«

»Nee, Minsch, woher denn! Ik ligg' doch hier!«, stöh'n he. He wör fertig! Se schöll'n all ruut! Weg, weg, weg!!

Onkel Friedo seet tofräden up'm Stohl, sine Enkelkinner streern sik luuthals. Tante Guste dö genussvull kund: »Du! De Herbert von nebenan, di'n Naber! Gans plötzlich no de OP!« Se snöf deep up: »Ik säge di, so fix is man dot!«

Hans-Willi verjög sik un schluck' swor dol. »Wat hett Herbert denn woll hat?«

Tante Guste bög' sik öber em un betonte dramatisch:»Hans-Willi, man jüst datsülbige as du!«

De Geschichte von den lüttjen Schutzengel

Een weiser grooder Engel seet up eene groode Wulken un keek still up de Eer runner. Up eenmol flöcht een Engelkind vörbi un sett sik bi den grooden Engel up de Wulken.

»Hey du, worüm kikst du denn Löker in de Luft?«, fröcht de lüttje Engel gans keck.

De weise Engel schmunzelte: »Ik kiek keene Löker in de Luft, ik töv, mien Kind, ik töv«, antwurte de groode Engel liese.

»Worup tövst du denn?«, fröcht dat Engelkind ungedür un flög' in lüttje Kreise üm den grooden Engel rüm. De groode Engel geevt Antwurt: »Ik töv dor up, dat mi een Minsch bruukt.«

»Een Minsch...?« Dorvon harr de lüttje Engel noch nie wat hört. Neeschierig sett he sik neben den grooden Engel un bitt' em, doch noch mehr to vertellen.

»Hör moll to, lüttjer Engel, dat is so: Normolerwiese bruukt us de Minschen dor ünnen nich. Se lävt ehrt egene Läben - meist glücklich un tofräden, mit grooden un lüttjen Sorgen. Aver jümmer moll wedder kummt dat vör, dat en Minsch usen Schutz un use Hülpe bruukt«, verklort de groode Engel. »Aver wie«, frögt de lüttje Engel »wie warst du dat denn gewohr, dat een Minsch di bruukt?«

»Dat spört wi«, geevt de groode Engel to Antwurt. »Sobald een Minsch in Not is, un mine Hülpe bruukt, fangt min linker Flunken an to zucken. Un denn weet ik, dat ik mi up'm Weg moken mutt.«

In de Nacht schlöp de lüttje Engel schlecht. Dat beschäftigte em düchtig, wat em de groode, weise Engel von de Minschen vertellt harr.

Unruhig wöhl' he ünner sine flauschige Wulkendeeken hen un her, as he plötzlich een egenortiget, ungewohntet Zucken in den linken Flunken marken dö.

Dat Engelkind könn jo man kum glöben, dat nu all sine Tied to hölpen kaumen wör.

Mit eenen Lächeln innen Gesicht un groode Vörfreide up sinen Minschen mök he sik up den Weg no de Eer.

... kanns göben, dat givt Schutzengel, du sühst se bloß nich!

De perfekte Fro

De Männer-Wanderclub »FlOTTE BENGELS« fiert 20. jähriget Jubiläum mit ehre Froen innen Sportlerheim.

All' sünd se vergnögt bi Äten, Drinken un Vertellen.

De Enzige, de ohne Fro kaumen is, is de Vörsitter Heinz. He is een fixen Keerl innen besten Öller von 50 Johren. He is sotoseggen een ingefleeschter Junggeselle. Dat well he ok blieven, obwoll em Froen geern mögt.

He geiht mit de eene, denn moll mit de annere ut. Aver nie nich ward dat Irnst mit Verlobung udder Hochtiet. So wiet lett he dat nich kaumen, weil he eenfach eene Allergie annen Ringfinger hett. He legt grooden Weert dor up, dat he no beiden Sieten ut 'n Bett utstiegen kann, tominnest vertellt he dat so.

Vör em is de Fro eene Musfallen, von Natur ut no dat Motto: »Junggesellen mutt man Fallen stellen.«

Solange he achter de Fronslüe ranlopt, is dat gans amüsant. Gefährlich kann dat aver weern, wenn he se inholt hett.

Eene schöne Fro is een Paradies för sine Ogen, se entfacht Füer in em. Wenn he dat up ankaumen lett, is se ok een Fegefüer för si'n Portmonai. Eene Schönheit, mit de he sik anfrünnt harr, wünschte sik eenen Nerz in ehre Gardrobe.

Mit de wör aver bald Schluss, weil he ohnte, wat noch all kaumen könn: nämlich 'nen Jaguar inne Garage, eenen Tiger fört Bett un to'n Schluss noch eenen Esel, de den gansen Spoß betoohlt!

Aver gans ohne Froen geiht dat nich, dorüm hett Gott jo welke mokt. In de Tierwelt sünd de Keerls glatter as de Froen, aver düssen Fehler hett Gott bi de Minschen korregeert.

Up den Höhepunkt von de Fier kummt Klaus an de Theke, grippt sik een vullet Beerglas, un schuv sik an Heinz ran: »Du Chef«, snackt he em an »Sech moll, wat ik all jümmer wäten woll: Worüm heste nie heirot, wo dat doch so väl smucke Froen givt?«

Heinz nimmt eenen deepen Schluck ut si'n Beerglas, mokt eenmoll luut Hicks!

»Mano-m-memeter , ik glöve, innen Alkohol sünd weibliche Hormone! Ik snack jo all wirre! Aver nuhu moll to dine Frohoge: An mi hett dat nich lägen. Ik hebb mi vör-hör-nohmen, de perfe-hekte Fro to heiroden. Se schall schön, klo-hok, un leev wäden. Sühste, ik hebb lange Johre dormit toho-bröcht, so eene to söken.«

»Sech moll, hest se denn funnen?«

»Jauhau Klaus, hebb ik! Ik hebb se totsächlich fu-hunnen. Duhu, de wör perfekt un ik wör so wat von glücklich!«, ropt Heinz.

»Mann! Worüm in aller Welt nochmoll hest du se denn nich heirot?«

Heinz stöhnte »Och, dat woll ik doch! Ste- hell di bloß vör, se wör, hicks, up de Söke no den perfekten Mann!«

De schlaue Manager

De düchtige Manager stigt in een Flieger, de nächste, wichtige Sitzung tövt up em. Jümmer in Bewägung, jümmer stressig, so is dat Managerleben.

Aver siene Gehälter sünd nich to verachten, dorför nimmt he Hektik un Stress in Koop.

Möhevull hett he sik to'n Manager hocharbeit'. Nu managt he eenen grooden Stromkonzern för gans Europa. He is geniol in sie'n Fak un he föhlt sik as 'n allerbesten Manager. He weet, wat he weert is, he kann fix wat entscheiden un denn eenen Mitarbeiter de Arbeit updrägen, de he sülmst nich geern mokt. He weet, wat he nich kann.

Dorför socht he sik de richtigen Lüde ut, de dat künnt. Genau düt mokt den gewandten Manager ut. Geld is nämlich de allerbeste Köder, üm no Minschen to fischen, un de enzige Spraake inne Welt, de jeder versteiht. Geld kann jede Macht bräken.

In düsse Tied givt dat för den Manager bannig to verhanneln, weil de Ökostrom fördert weern schall. Jüst dorbi well nich jede groot- stromverbrukende Fabrik anbieten. De Ökostrom, de sogenennte gröne Strom, schall wäsentlich dürer wäden as de Atom-Strom. Väle Minschen wüllt den Ökostrom ut Sikerheitsgrünnen, se vertrot de Atomwirtschaff nich mehr.

De erneerbore Energie, düsse nowassenden Rohstoffe, Strom von Windröer, von Solartechniken, verspräkt Ümwelt-Sikerheiten. In den Managerkopp brummt dat man bloß so, he stellt sik de schwierigen Verhandlungen vör, de em bevörstoht.

He verlett sik up siene Öbertügung, sien Wäten un Charme. Dat is de Fähigkeit, de Verhandlungspartner dat Geföhl to geben, dat de sik genau so klook föhlt as he sik sülmst. So wat mutt'n irsmoll lehrn!

Innen Flieger neben em sitt eene Deern, he schätzt se up 13 Johre. Se läst een Book. Em is no Entspannun to Mote, he möcht' sik ünnerholen.

»Tschulligung, junge Dame, dat ik störe. Fleegen is langwielig, künnt wi beiden us bäten ünnerholen?«

De Deern kikt hoch un mokt bedächtig dat Book to. Misstroisch frocht se: »Secht Se moll, öber wat wüllt Se sik denn mit mi ünnerholen?«

»Och, dat weet ik noch nich«, antwurt' de Manager, »aver wie is dat denn mit dat Thema Atomstrom? Dat is doch wichtig, udder wat denkst du ?«

»Okay«, antwurt' de Deern »dat is würklich een intressantet Thema! Dat passt genau in düsse Tiet! Bevör wi us öber Atomstrom ünnerholt, verlövt Se mi vörweg eene Froge: een Peerd, eene Koh un een Reh frät dat sülbige Tüg - nämlich Gras! Doch nu kummt dat Gediegene, wat Se gewiss wäten dot! Dat Reh lett no de Verdauung lüttje Kugeln fall'n, de Koh lett eenen flachen, matschigen Fladen achter sik plumsen, un dat Peerd produzeert dicke, dröge Klumpen. Nu to mine Froge: Worüm, denkt Se, is dat woll so?«

De Manager staunt öber de merkwürdige Froge un denkt no. Aver he find' keene Antwurt för de plietsche Deern.

»Jau nu«, givt he to »ik hebb keene Idee.« De Deern kikt em gans schrage vonne Siete an un stellt luut un obertügend fast: »Secht Se mi moll, föhlt Se sik würklich kompetent genog, üm ober Atomstrom to snacken, wenn Se bi dat Thema Schiete all oberföddert sünd?«

Von de Tugend

»Oh, dat is jo moll'n tugendhaftiger Minsch!«

So eenen Utrop kreeg man fröher öfter to hören. Dat wör een groodet Lob för denjenigen Minschen. De Tugend stünn för gerecht, maatvull, hülpsbereit un uprichtig.

De tugendhaftige Minsch dachte soziol, obernöhm ok Verantwurtung un wör jümmer plichtbewusst. Dat wör noch wat! Aver wer well denn vandage noch tugendhaft weden?

Düt Wurt is höchst oldmodsch un hört in de Mottenkiste. Tugendhaft wäden is doch so wat von uncool! Wer sik clever dör dat Leben, un rücksichslos dör de Arbeitswelt mogelt, de ward in hütiger Tied sogor bewunnert. So een hett düchtige Ellenbogen. De hett dat Tüg to'n Manager! De arbeit' sik no boben – schiet wat up de Tugenden! Wat scheert em de anneren? Tugend hett doch keenen Geldweert!

Kolet Klima mokt de Minschlichkeit krank, wenn de Ellenbogen-Gesellschap Vörrang kriggt.

Worüm besinnt wi Minschen us nich wedder up de olen Tugenden? De wiest us klor an, wie de Minschheit in Gemeenschap allerbest tohopen läben kann.

Frogt wi us doch moll deepsinnig, ob wi dat henkriegt, eenen Minschen Hülpe to geben, ohne dat wi no den Nutzen frogt.

Wenn jeder Minsch de Verantwurtung för dat obernimmt, wat in sien' Läben passeert, köm välet wedder in Ordnung. Keen een schöw wat mehr up annere, up de Regeerung, un up schlechte Tieden af. Mit de Gesundheit mösst jedereen bäter ümgoh'n un nich dorup tellen, dat innen Notfall jo sowieso de Krankenkasse betohlt.

He mutt an sik so hanneln as an si'n TÜV – oberwaktet Auto.

De Minsch is dat enzige Lebewesen, dat wätentlich Dinge mokt, de siene Gesundheit schädigen dot.

Tugendhaft to leben, is sotoseggen »out«, aver för een sozialet Miteenanner bruukt wi Minschen de unbedingt. As droht groode Külle twüschen de Minschen. Lot us dat Warme beholen, de för de Minschheit so väl mehr weert is as de schnöde Mammon.

Dat draff nich so wiet kaumen, dat dat Leben eene Komödie för de Rieken, een Spell för de Narren, een Drom för de Weisen un een Troerspell för de Armen is. »Scholem Alejchem«.

Leben schall Freide moken, Freide mokt välet lichter. Mit ehr kann de Minsch Pien bäter utholen un kriggt ok Hülpe, weil he Tugenden füddergeben hett. Läben heet Anstand bewohren un füdder to gäben, Läben is dat, wat een sülmst dorut mokt.

Upklärung

Dat Thema »Upklärung« is jümmer noch brisant. Een Öllerndeel versocht meist, den anneren dat to öberloten. Meist weerd de Kinner inne Grund- Schoolen all sowiet upklärt, bet se gezielt no Enzelheiten frogt.

Vörbillung in düt Fak hebbt de meisten Kinner sowieso all. Se frogt free herut, aver de Erwassenen dot sik swor mit dat Antwurten, un fangt irstmoll mit Immen un Blomen an.

Denn kann een Opa beläben, dat he man bloß half so väl weet as si'n Enkel. De verklort denn, wat Opa bi Oswald Kolle nich verstoh'n hett, nämlich, dat Kinner sichtbor gewur'ne Leeve sünd - un dat een Kinnerwagen de Spoß vonnen lesten Johr up Röer is!

Kinner sind mannigmoll dat enzige, wat Ehepoore gemensom hebbt. Eene glückliche Kindheit is dat schönste Geschenk, dat Öllern vergäben künnt.

Inne Grundschole weerd Upsätze schräben. Thema »Upklärung«. De nägenjährige Paul hett aver öber »Fortpflanzung« schräben: **De Pfortplantung.** Weil dat jümmer wedder vörkummt, dat Minschen enfach doot goht, mutt dat nee gäben. De Neen weerd inne Betten mokt. Dat is Bislop. Egentlich slopt man jo nich, sonnern man is mit Geräte annen Buuk gans dull annen Moken.

Ik hebb mine Öllern heimlich beobacht, as se gebislopt hebbt. Papa hett fürchterlich stöhnt un Mama hett bäten blarrt - dorbi wör von us jo noch gor keener doot!

Villicht hebbt se man bloß bäten övt, weil use Oma all gans olt is. Un ik hebbt markt, dat se poor Mole inne Wäke övt, weil Oma villicht bald doot geiht. Innen Nachtdisch von Mama hebb ik Tabletten funnen. Papa frogt jümmer, ob se ok de Pille innohmen hett. Gewiss is se ok krank, aver se geiht jo nich no'n Dokter. Aver man to, wenn beide öben dot, kummt bestimmt bald een neet Wesen up de Welt... ik wünsch mi een Kaninken.

De Pfortplantung von de Minschen geiht dör Samen. Blomen un Strüker möt väl begoten weer'n. Mama duscht jeden Dag. Denn wasst villicht allens schneller.

Dat nee Wesen wasst innen Buuk, aver weil Mama krank is, mokt dat dütmoll villicht Papa. He begüt sik innerlich väl mehr as fröher. He mokt dat mit Beer, dat düngt woll good un dat Wesen wasst ran. Papa si'n Buuk is all väl gröter wurn, aver he hett mi noch nix verroert.

Ober ik frei mi dor up! Villicht bringt Papa een Kaninken to Welt.... dat nennt man Geburt.

Diamantene Hochtiets – Bekenntnisse

Een olet Ehepoor fiert dat seltene Fest »Diamanten-Hochtied.«

Se fiert dat ganz alleen , bloß för sik, to Huus bi Wien un Lichterschien.

He sinneert un kiekt in Gedanken torücht up de langen Ehejohre, de meistendeels goot verlopen sünd. Natürlich bet up een poor Utnahmen: Eenmoll köm he angeschickert irst gegen Morn no Huus. Domols hett se em an den Dag dorno önnig utschimpt: »Segg' moll, weeßt du, wat du mi ando'n hest? Du, ik hebb' de Taschen von dine Böxen leddig mokt, weil ik de waschen woll. Wat bedüert düsse Zettel, wo Marie-Luise uppesteiht?«

»Ohhh!«, hett he utropen »Minsch du, wi wör'n gistern nomiddag vonne Firma ut bi dat groode Peerrönnen un ik hebb' up Marie-Luise sett. Dat wör'n füriget Peerd, du, un stell di vör, dat hett gewunnen! Dat mössen wi doch düchtig fiern, un dorüm is dat so lot wurn.«

Se hett sik domols glieks entschulligt, wegen de unnütze Schimperee.

Aver as annern avends no Huus köm, wör se reinweg vergrellt un knall' em een Handdok üm de Ohren. »Minsch, büst du verrückt - wat schall dat denn?«, hett he ropen un se zischte em to as'n Krüzotter: »Din Peerd, de Marie-Luise, hett eben anropen!«

Över de Ehe-Episoden ünnerholt sik de Beiden, un amüseert sik noträglich.

He drückt sine Fro an sik un meent: »Och, mine Leebe, ik mutt ehrlich wäden. Ik hebb di tweemoll bedrogen, aver denn wör würklich Schluss! Dat musst du mi glöven! So as Keerl in jungen Johren is dat nich enfach, jümmer wegtokieken, versteihst du? Aver du büst jo würklich mine Enzige, mine düre, treue Ehefro! Selten hest du mi Anlass geben, mi to beklogen!«

Beide stöt se an, drinkt sik to, un de Lichter flackert geheimnisvull.

He lehnt sik torücht un stellt fast: »Sestig Johre sünd wi beide verheirot! Min Gott, wat'n lange Tied! Un wi beide sünd glücklich wäden un sünd dat noch jümmerto. Aver mine Leebe, ik mag düssen wunnerschönen Ogenblick nich trüben, aver ik mutt di nu moll wat frogen, ok wenn ik di von Harten leev hebb. In de gansen Tied von use Ehe hebb ik mi jümmer wedder frogt, worüm use irste Jung' vullkommen anners utsüht as de annern veer. Woran liggt dat? Segg' mi gans ehrlich – hett he eenen anneren Vadder?«

Toirst swiegt de Diamenten-Bruut, denn antwurt' se: »Du hest Recht! Ik harr di dat all väl fröher seggen schöllt. De hett eenen anneren Vadder!«

He schluckt gans swor dool, swiegt still un irst no'n poor Minuten frogt he liese: »Nu musst du mi aver wat verkloren. Wenn he eenen anneren Vadder hett, wer üm Himmels Willen is denn düsse annere Vadder?« Se kiekt em direkt un fast in de Ogen un antwurt': »Na Minsch – Du büst de annere Vadder!«

Dörsichtige Minschen

Wi Dütschen sünd längst een öberwaktet Volk, Börger ut Glas, totol dörsichtig. Finanzamt, Arbeitgeber, Kranken- un Sporkassen, praktisch alle Behörden weet Bescheed öber us. Allen vöran kann de Schufa öber mannig eenen Mitbörger Utkunft an Behörden un Geschäfte geben. Kuum een Schritt, den se nich to wäten kriegt.

Dat is leider so, dat wi in de Fangtentakel von Daten-Kraken fasthangt. Un dat Dullste is, dat us jümmer noch wiesmokt ward, dat allens geheim blivt, wat wi priesgeben möt.

Dorüm möt wi bi jeden Andrag, den wi stellt, egol, worüm un wieso, jümmer wedder allens genauestens un brav utfüll'n – wann wi geborn sünd, un worüm, wer de Öllern sünd udder wörn, Krankheiten, Inkaumen un so füdder.

Jedet Johr de glieken upregenden Spellchen! Dorbi stoht all' Daten siker in jeden Behörden-PC. Seit de Internet-Anbeeder allens innen Griff hebbt, is de Minsch von boben bet ünnen, von achtern bet vörn, dörsichtig. De wät Bescheed, wat wi wo un wann anklickt hebbt, wat wi för Minschensorten sünd. Kann een denken, de Minsch steiht up'm Glas-Präsentiertöller.

Google-Striet-View hett dütlich mokt, wat een Späher-Oge allens vör de Linse kriggt, un wat för Gefohren us dat bringen kann.

Jau, de Computers sünd Vörrichtungen, de den Minschen dat möglich mokt, Probleme hoorscharp aftolichten, bloß mit Lösungen hapert dat.

Computers sünd phantastische Geräte, de künnt in wenigen Sekunnen so väle Fehler produzeeren, wie se de Minschen man bloß in langen Johren moken künnt. Se weerd as grootortige Erfinnung lövt, aver mit jem passeert genau so väl Mest as fröher – aver keener is vandage schuld doran!

Dat Resultat könn weden, dat Computer de klögsten Idioten sünd, de dat givt. Aver dat heet jo, dat de Idiot nich innen Computer sitt, sonnern genau dorvör. Computer weerd dauernd von Viren bedroht. Denn bruukt se Virenschutz-Programme.

Impfstoff för Computers - gegen Trojaner un Wörmer un Viren - wer dat moll erfinnen deit, de öbertrumpft gewiss noch Bill Gates!! Dör töw' ik up!!

Wenn Computers keene Lust mehr hebbt, stürzt se enfach af, sünd krank. Dat kann schön düer weern, weil se eenen Fachchirurgen bruukt. Dör de seltsomen Gehirnwindungen kann ans keener dörfinnen!

Aver eenes schafft düsse gleinigen Döbels jümmer, wenn se dorto upföddert weerd, jeden Minschen dörsichtig to moken!

Een Unglück kummt selten alleen ....

Een Stadtgespräch güng 1967 in de Stadt Weiden üm. Dat handelte sik üm de unfotbore Pechsträhne von eenen verheiroteten Mann. He harr de schlimmste Nacht in sienen Läben achter sik. Mit Schnittwunden, Verbrennungen un eenen Knokenbruch nöhm eene Keedenreaktschon von dat Mißgeschick, för dat siene Fro unbeafsichtigt sorgt harr, een Enne.

De irste Akt füng an mit verdächtige Geräusche to nachtslopener Tiet. De Ehefro wök dorvon up, un meente, dat Inbräker innen Huuse wören. Se mök ehren Mann wak, de sik zaghaftig entslöt, de Ursake von de Geräusche up'm Grund to goh'n.

As he innen Düstern vörsichtig rümtapste, reet de Gummizug von siene Pyjamaböxen. De Böxen rutschte dol. He verjogt sik un dreih' sik wild üm.

In düssen Moment markte he wat Natkolet an siene Kehrsiete. Nochmol wirbel' he wild rüm, üm den Gegner eenen Fuustschlag to verpassen - un schlög de Finsterschieben twei.

Bi Licht bekäken, wör de vermeentliche Inbräker de egene Hund, de sik in dat Slopzimmer schleeken harr.

De arme Keerl hett so stark blöert, dat siene Fro em to'n Verbinden in't Krankenhuus bringen löt.

Anslutend sorgte se för Ordnung. Mit 'n benzingetränkten Lappen wischte se dat Blot af un denn smeet se den füergefährlichen Lappen, de nich mehr to gebruuken wör, in dat Klo. Dat wör een konservativet Lokus ohne Spölung, so as se dat fröher geevt.

As de Ehemann wedder no Huus köm, socht' he glieks de oltmodsche Örtlichkeit up, weil he önnig Druck harr. Üm sik von den Nacht-Schreck to erholen, stik' he sik eenen Glimmstengel an, inhaleerte deep - oh, dat dö em goot!

Denn löt he den Rietstikken dör de Beene in dat Lokus fall'n. Sofort schöt eene Stichflamme hoch. De Benzindämpe harrn sik entzün'nt. De arme Keerl sprüng hoch, röp luut üm Hülpe. Höllisch brenn' em dat Achterdeel!

Siene Fro röp to'n tweeten Mole den Rettungswagen. Doch ok twee Unglücke kaumt nich jümmer alleen.

As he bäuchlings up de Trage leegt, wunnern sik de Sanies, dat he all wedder dor wör. He geevt de Geschichte von sien tweetet Unglück bekümmert to'n besten. Dorno kreegt eener von de Sanies eenen Lachkrampf.

Dorvon mösst he sik so schüddeln, dat he den Tragegriff ut de Hand glitschen löt - de arme Keerl rutschte haltlos vonne Trage, füll wimmernd de Treppen halv runner un bleevt ünnen mit'n gebrokenem Foot liggen ...

Ut de »Westfalenpost« von 16.5.1967

Fremwürter in use Spraake

»Tohör'n bildet!«, hett use Schoolmester fröher jümmer seggt.

Tohör'n kann wieterbilden, dat weet ik vandage. Ik hör' gern to, wenn eener wat vertellt. Vörrutgesett, he schnackt dütsch. Düsse Würter kann jeder verstoh'n, ohne dat'n innen Würterbook noslo'n mutt, wat een Fremdwurt bedüten deit.

Dat meiste lett sik würklich in Dütsch vertellen, denn wi sünd jo dütsch. Dat veel Latinsch von Öllers her in use Spraake inbunnen is, is jo bekannt. Väle englische Würter in use Spraake nehmt bi lüttjen Overhand, dat mutt nich wäden.

Gewiss givt dat englisch-internatschonol väle Fach- Utdrücke. Englisch is eben de Weltspraake. Aver wi künnt dütsche Würter nutzen, de wi in usen Spraak- un Schriefgebruuk hebbt! De unsäglichen Steigerungen, de sik inschleeken hebbt, lot sik vermeiden.

»Das wäre doch die optimalste Lösung!«, ropt de Redner von si'n Pult.

»Dazu fehlen in Deutschland die minimalsten Voraussetzungen«, stellt Politiker inne Rede fast.

Worüm seggt de Minschen nich enfach: »Das wäre die beste Lösung.« Udder »Dazu fehlen in Deutschland die kleinsten Voraussetzungen.«

Politiker-Rede - Bispell - Steigerungen: »Es bedarf maximalster Anstrengungen, um wenigstens die extremsten rechten Gruppierungen unschädlich zu machen.«

De Minsch hett latinsche Superlativ, up Dütsch »Steigerungen« in den Satz inbunnen, de nich mehr to overbieten sünd. He hett noch wieter steigert: »Unsere absoluteste Verpflichtung und unser totalster Anspruch heißt Deutschland! Und Deutschland sollte die idealste Erfüllung unser aller vitalsten Interessen sein, meine Damen und Herren!«

Junge, de smeet sik in't Tüg! He föhr' mächtige, gesteigerte Eegenschapswürter vör. Woll he sik dormit profileeren? Manchmoll is dat so: Dat, wat een nich versteiht, beindruckt am meisten. Zielt düsse Schnackers dor up af?

De Pfläge un Erholung von use schöne Mudderspraake in us'd Vadderland mößt vör jeden Dütschen eene Upgabe wäden- un dat in den wahrsten Sinne von dat Wurt! Dütsch snacken in Dütschland!

Frollein Meyer's goode Tat

Frollein Meyer arbeit' as Vörzimmerdame in een Planungs-Büro. Wenn de Chef »Fro Meyer« ropen deit, muult se em an. »Chef, ik bün een Frollein!«

Frollein Meyer is nich de Fixeste bi de Arbeit. Wenn'nt moll ilen deit, un se kummt nich flott vöran, meent de Chef: »Frollein Meyer, Se hebbt de Arbeitsmoral von eene Katte!«

»Ähh - wieso?«, frogt dat Frollein verwunnert. »Se schliekt jeden Morn in't Büro, legt Ehre Poten up'm Schrievdisch un tövt up de Müse!«

Sonnavends geiht Frollein Meyer jümmer inköpen. Up den No-Huus-Weg drüpt se twee bekannte Froen un de Dree holt eenen Plausch.

»Oh, oh!«, snakt jem een öllerer Minsch an.

»Wenn dree Wieber up'm Hopen stoht un tratscht, givt dat Sonndag Rägen!«

Aver de dree Fronslüde stört dat nich, se holt angerägten Klönsnack. Rägen woll dat siker nich, weil jem nix Lästerhaftiges notowiesen wör.

De Vertälleree ward aprupt ünnerbroken, as een lüttjet Mütterchen mit Koppdok un Lupenbrill öber de Straaten up jem tolopt un vertwiebelt ehre Katte Mimi ropt.

De Dree versprä kt ehr, sik höchstpersönlich üm de Katten-Angelägenheit to kümmern un schickt dat Mütterchen no Huus.

De dree Froen deelt sik up, jede in eene annere Richtung, so woll'n se de Katte woll finnen. Frollein Meyer jachtert dör Hecken, krüpt dör Büsche, Vörgoerns un ropt luut »Mimi, Mimi!«

Se gerort ut de Puste un fangt an to sweeten bi de Mimi-Sökeree.

Dor! Dat mutt se wäden! Wat Graugetigertet schlikt sik dör de Rosenbeete innen frömden Goern! Mit'n gewaltigen Hechtsprung, den Frollein Meyer tolest bi'n Winterschluss-Verköp anwend hett, packt se gekonnt to - un hett de öberraschte Katte!

De is gans mager un dat Fell struppig. Se wehrt sik vergävlich mit Krallen un Tähne. Dat Frollein hett de Vörderpoten fast innen Griff, aver ohne Kratzer an de Arms kummt se nich dorvon.

Frollein Meyer freit sik, dat se Hülpsbereitschaft bewiest, un dor ehr vandage sowieso eene goote Tat fählt, stigt se keuchend de veer Treppen hoch, wo de dickbebrillte Kattenmudder wohnt.

Up ehrt ungestüme Klingeln mokt Müdderchen freidig de Dör open un hett up'm Arm - dat draff doch woll nich wohr wäden! -

Eene schnurrende swatte Katte! Mütterchen meent, dat ehre Mimi von sülmst torücht kaumen is un jaulend vör de Dör seet.

»Jau - un nu?«, frogt Frollein Meyer rotlos un strokelt den wilden Tiger up den Arm.

»Och, weet Se wat?«, ropt Müdderchen, »Gävt Se de Katte man een to Huus bi Se!«

Nu blivt gor nix anneret öber, as den grauen Tiger mittonähmen un Kattenfoer to besorgen. De Graue is beleidigt un lehnt de Leckerlies af un sust as wild dör Frollein Meyers Wohnung.

Annen Sonndag räkelt he sik up'm Sofa, Frollein Meyers Platz. Dat sülmstgestickte Kissen hett he genussvull tweikratzt. De Miniaturlöwe mokt sik breet un föhlt sik schienbor woll.

Frollein Meyer bekiekt sik den Grauen, egentlich woll se em wedder dorhen bringen, wo se em gräpen hett. Aver dat süht verdammich dorno ut, dat he hier Asyl hebben well.

De Katte twinkert ehr träge an, steiht up un well wat to Futtern, wat se mit »Miauhh!« kund deit. Frollein Meyer ahnt, dat se nu de Deenersche von de Katte is.

Is dat Deert eene Sie udder een Er? Hoffentlich keen Er! Frollein Meyer denkt scharp no. Se hofft, dat de Graue eene Sie is.

Denn schall de Katte Frollein heeten, un Frollein schall se ok blieben. Dorvör well Frollein Meyer aver sorgen!

Gans sonnerbor ...

Familje Schubert hett eenen Hund, un de Nobers hebbt Kaninken. De beiden Familjen vertsoht sik enigermoten, wenn de Hund von Schuberts man nich jümmer üm de Kaninkenställe up de Noberschaff rümslieken dö. Dat wör argerlich vor de Kaninken-Besitter, weil de Nober-Hund all poormoll den Kaninkentuun dolräten harr.

Dat wör em nich aftogewöhnen. Nachtsober ward he inspeert un dagsober geiht Fro Schubert mit em anne Lienjen gassi, üm Freeden to holen mit de Nobers.

De hebbt sik nämlich beschwert, weil de Hund bi jem up'm Grundstück rümstöbert un sik jümmer an de Kaninkenställe to schaffen mokt. Schienbor find de Hund de Deerten intressant. Dorüm draff he bloß ünner Upsicht free rümlopen.

Egentlich is de Hund totol öberflüssig, he deit sowieso jümmer dat, wat he nich schall. De Nobers sünd bäten neeschierig. Se beobachtet dör de Hecken, wat de Hund un siene Lüde mokt ...

Man weet jo: De leebe Gott süht alles, aver de Nobers seht mehr. Nobers künnt somit de beste Schutz gegen In bräkers wäden.

An eenen schönen Sömmeravend geevt Schuberts een Goern-Sömmer-Grillfest.

Dorto sind alle Nobers inlad'. De Stimmung stigt, Beer un Bowle sünd süffig. De irsten Gäste fangt an, de neesten Hits to grölen. Mit de Tied tüdelt de Lesten sik ok önnig eenen an.

Up eenmoll kummt de Gastgäber-Schubert- Hund twüschen de Partygäste anstört. He wör utbüxt ut de Waschköken, weil eener de Dör nich dicht mokt harr. Mit Entsetzen süht Fro Schubert, wat he inne Snuten hett: een totol verdrecktet un lävloset Kaninken! So wat! Och gottegott!!

Se stöht ehren Mann an un wiest achter ehren Rürch, dormit dat bloß keener mitkricht, up den Hund. Schubert kikt, verjogt sik un drivt den Hund fix in't Huus.

Dor berotslogt beide Schuberts, wat nu to do'n is. Se kriegt binohe de Krise! Wenn de Nobers dat mitkricht – dat is doch eent von ehre leeven Kaninken!

Se teht dat dode Deert ut de Hundesnuten, wascht dat, fönt dat dröge un denn stigt Schubert mit dat Kaninken heimlich över Nobers Hecke, legt dat in den Käfig trücht un denkt sik: »Tscha, denn isset eben över nacht dotbäben!«

De Party geiht füdder, ohne dat eener wat mitkrägen hett, bet wiet no Middernacht.

Annern Dags gegen Middag is Tumult bi Kaninken-Nobers.

»Dat kann doch woll nich wohr wäden! Dat is doch to'n Döbel noch Eent!«

Schuberts stoht anne Hecken un frocht schienhillig. »Wat is denn bi jo passeert?« De Nobers schlackert beide ehre Köppe: »Dat Kaninken ... nä, dat kann nich angoh'n!« Schubert frogt: »Is eent woll över Nacht dotgoh'n, udder wat?«

De Nober kummt an den Tuun un ropt: »Jau, dotgoh'n is dat siker, aver all vörgistern! Un denn hebb ik dat glieks in usen Mestklumpen vergrovt! Ik glöve, ik bün besopen! Stellt jo moll vör, nu liggt dat wedder in sienen Stall!«

Gott hölpt us siker

Charlotte wör'n Glückskind, se harr allens: Rieke Öllern, de ehr jeden Wunsch erfüllten, egenet Auto, Ferjenhüser up Südseeinseln, Flugschien för Vadders Sportfleeger, een egenet, prallet Konto, dat mit Vadders Hülpe jümmer nowassen dö.

Se wör blond, schön, 20 Johre jung un studeerte Modedesign. Se harr väle Jungheerls üm sik, harr Partys mit jem, aver ob dat echte Fründe wören, betwiefelte Charlotte. Enige woll'n ehr sogor heiroden.

Aver se harr den Richtigen noch nich dropen. Harr jo ok noch Tiet. Charlotte mögt den Luxus un all de öberflüssigen Dinge, de dat Läben irst läbensweert möken. To'n Shoppen flögt se moll eben no Mailand, to'n langet Wäkeneenne no New York. Geld is jo Egentum, dat man öberall hendrägen kann, un de enzige Spraake, de jeder versteiht.

De Mammon is de Gott von de Weltreligionen. As se in eenen Vördrag öber dat Verhältnis twüschen Arm un Riek wör, lehrte se eenen intressanten Jungkeerl kennen. De vertellte Saken von Armut un Obdachlosigkeit - dat wör ehr völlig frömd!

Noher hebbt sik de Beiden noch lange ünnerholen. Un dat Dullste: Charlotte hett sik verleevt! Een groodet Geföhl, gans anners as dat Rümflirten.

In de nächsten Tiet dröpen se sik foken. Se wör gewohr, dat he Afdeelungsleiter in eene Fabrik wör. He wör gewohr, dat se rieke Öllern harr un up'm grooden Foot läben dö.

Beide harrn se sik leev, obwoll ehr Achtergrund totol verschieden wör. He wör religiös, se wör doran nich intresseert. Eenes Dages vertell' se de Öllern, dat se düssen Mann, un keenen annern heiroden woll, obwoll Vadder all lange eenen rieken Kandidoten as Schwiegersöhn utsocht harr.»Düsse arme Karkenmus wullt du heiroden? Niemols!«

»Papa, dat is de groode Leev!« Vadder upbrusend: »Du hest se woll nich mehr alle! De kann di nix beern!«

»Bitte Papa, ik will em!« Mudder köm to Wurt: »Deern, denn loer em doch to us in, dormit wi em kennenlehrt.« Vadder: »No jo, denn wüllt wi doch moll seh'n ...«

De junge Mann köm mit'n Rükerbusch an. As all an den grooden Disch seeten, woll Vadder von den Gast wäten, wo väl Inkaumen he harr.

De antwurte: »Ik bün tofräden, ik kaume dormit klor. Riek sünd de, de wohre Fründe hebbt. Wät Se, arm is keene Schande, Riektum aver ok nich. Arm is nich de, de wenig hett, sonnern de, de väl bruukt.

Min Luxus is, eene egene Meenung to hebben. Dat künnt sik wenige leisten. Wer väl Geld hett, kann spekuleern, wer wenig Geld hett, draff nich spekuleern un wer keen Geld hett, mutt spekuleern. Worüm ans woll hett Robin Hood bloß de Rieken beklaut?« -

Vadder räusperte sik luer:»Nu segg mi moll, du schlauer Jung, mine Dochter hett düre Kleedasche, de dusende von Euros köst. Wat wull du moken, wenn se sik nee köpen well?«

De Jungkerl totol entspant: »Gott hölpt us gewiss!«

»Un wohen wüllt ji innen Urlaub flegen? Se flügt moll eben no London, Tee drinken un Modesalons besöken - kannst du di öberhaupt goen Tee leisten? Wie wullt du dat finanzeeren?« De Schwiegersöhn-Anwärter antwurt' enfach: »Gott hölpt us gewiss!«

»Un wenn mine Dochter een neet Auto bruukt, un so füdder?« Wedder köm de faste Antwurt: »Gott hölpt us gewiss!« Vadder woll wäten: »Wo wüllt ji wohnen? Mine Dochter is dat Luxusläben gewöhnt!«

De Gefrogte lehnt sik no Vadder hen un givt wedder to Antwurt: »Gott hölpt us gewiss!« -

As de junge Keerl sik verafscheed harr, hett Charlotte frogt: »Du Papa, wie findst du denn minen Brögam so?«

»No jo min Deern, he is jo würklich een Keerl mit wenig Geld, de sik nix leisten kann. Aver he is schlau, dat imponeert mi dull. Aver weeßt du wat? Wenn he mi jümmer Gott nömt - dat gefallt mi goot!«

Chef mösst man weeden!

Leebe Lüde, argert ji jo ok mannichmoll ober johren Chef? Dormit sünd ji inne grooden Mehrheit. Chefs wät ok nich mehr as ji, aver he kann sik bäter achter groode Würter verstäken, de he innen Snackkurs studeert hett.

Dat givt nich eenen Chef, den würklich all' Mitarbeiter gern hebbt. De meisten Chefs sünd foken nich uttostoh'n, weil se sülmst keenen Chef hat hebbt.

Wenn ik mi argern do, denk ik, dat ik moll'n Boss weeden möcht. Denn könn ik resoneern un all' dö'n se, wat ik woll. Chefs mutt'n geern hebben, ansonsten flügste ruut.

Düt schall eenen Läbenswiesheit wäden: Wenn een arbeit', mokt he Fehler. Wer wenig deit, mokt wenig Fehler, wer nix deit, mokt keene Fehler un wer keene Fehler mokt, de ward offmols Chef.

Wenn de Chef annere neben sik lüttjet mokt, is he sülmst nich grood. Dat givt Chefs, de sünd würklich Tierfründe. Jeden Dag mokt se de Mitarbeiters to Sau un Sniggen.

Kennt ji den Ünnerscheed twüschen Chef un Geisterföhrer? De Geisterföhrer is entschieden entgegen kommender.

Min Chef is grood, rund un hett keen' Hoor mehr up'm Kopp. To so wat kannst FKK up de höchsten Ebene seggen. Ik hebb leeber eenen dicken Chef as een mogeret Gehalt.

Min' Chef is so wat von beschäftigt, dat he gor nich to'n Arbeiden kummt. He is verbeamtet, dat heet, he is unbesteeklich un nimmt nich moll Vernunft an. Ik glöv, he weet nich alles, aver allens bäter. Jeden Morn haut he us düssen Satz üm de Ohr'n: »Wir müssen sparen, koste es, was es wolle!« Dormit hett he Recht , tominnest in mine Richtung, harr ik doch moll de Faxe mit Breefmarken bekleevt.

Wenn he denn moll goode Luune hett, seggt' he, dat wi mit use Probleme bi em ankloppen künnt, weil he för enfach allens open is. Segg' moll, de kann doch woll nich gans dicht wäden!

Sinen Stellverträter hett he leste Wäke wat androht: »Se sünd all lang ünner mi anstellt un trotzdem klaut Se as eene Elster. Mit mine Fro hebbt Se een Techtelmechtel, un mine Dochter kriggt een Kind von Se. Mann! Schöll nu noch moll eeene Kleenigkeit vörkommen, denn smiet ik Se aver ruut!«

Jümmer wenn de Chef rot süht, schöll man sik nich swart argern, sonnern enfach blau moken.

Schöll'n ji jo moll wedder ober ok jor'n Chef argern, stellt jo em doch enfach inne Ünnerböxen vör.

Kinner mokt Ümweltschutz

Erik un Sven sünd seit ehre Kinnergoerntiet beste Fründe. Beide sünd se acht Johre olt. No de Schoolarbeiten sünd se meist mit annere Kinner up den Dörp-Spälplatz verafredet. Wenn se Footballspälen wüllt, möt se irstmoll Gegenstänne wegkicken, üm Platz to kriegen.

Jümmer liggt dor Affall rüm: Glimmstengelreste, Cola- un Plastikbuddel, Mc-Donald-Verpackungen, Bonschenpapeer un anneret.

Melanie, de teihnjährige Süster von Sven argert sik öber Minschen, de ehren Kram hier enfach hensmiet, statt den Müll richtig to entsorgen. Eenmoll in de Wäke sammelt Melanie den Unrat in ehre Plastiktuten un entsorgt den to Huus in de Mülltunne. Aver de wör dör Melanies Aktschonen schnell vull un se kreegt deswägen Schimpe von Mama.

As de Kinner wedder up den Spälplatz wören, köm Melanie mit een sülmstgebasteltet Plakat un hüng dat an den Ingang up.

»BITTE - nehmt euren Müll mit!. Hier möchten Kinder spielen!«

De Kinner wören neeschierig un wollten wäten, wat för'n Sinn dat Plakat mök. »Ik weet, dat Natur un Ümwelt stark belastet sünd un somit Schaden an Minsch, Tier un Planten anricht'«, vertellte Melanie indringlich. »Wi Kinner seht jo, dat öberall Affälle rümliggt.

Ji denkt siker, dat mokt keenen Sinn, wenn ik hier den Müll insammel. För usen Spälplatz mokt dat Sinn, aver noch mehr Sinn mök dat, wenn wi gemeenschaplich jede Wäke düssen Platz un de Towegung reinmokt.

Villicht begriept de Minschen, de ehren Dreck hier liggenlot, endlich moll, dat Affälle inne Mülltunne entsorgt weerd!

Ik hebb eene Idee: lot us eenen Kinner-Ümwelt-Schutz grünnen! Hebbt ji Lust?«

Kinnergeburtsdag mit Papa

Kinner hebbt de Egenschap, ehre Menungen un Frogen mit erstaunliker Geradigkeit kund to do'n. Se meent dat würklich ehrlich, weil jem dat Leegen noch frömd is. Dat kummt loterhen noch fröh genog.

Dieter Wendte fiert mit Kinnergoernfründe sinen föften Geburtsdag. Papa Wendte mokt väle Spelle mit jem, aver nu well he mit jem no buten un eene Schnitzeljagd dör Wald un Wiesen moken.

Jeder kriggt de Upgave, anhand von Blöern de dortogehörenden Böme to erroern. Un denn givt dat Schritt vör Schritt jümmer wedder an Böme un Strüker Bildnotizen von Papa, üm den Weg to finnen, wo de Schatz verstäken is.

De Kinner sünd uter Rand un Band, un Papa löpt de Sweet vonnen Kopp. Is jo keen Wunner bi de sömmerlichen Temperaturen un sine bachtlichen Kilos, de he ingange setten mutt. Uterdem hett he den Rucksack mit flüssiger Verplägung up'm Puckel un lopt japsend achter de Kinner ran.

Endlich is de Schatz, een Märchenbook to'n Vörläsen un een Köhlkarton mit bunte Istuten entdeckt. Is dat een Spektakel, een Gekriesche un Gelache!

Dat Iis kummt genau richtig. De Kinner lümmelt sik ünner de Böme un lutscht dat andächtig weg. Düsse Ruhe nutzt Papa, üm jem eenen Vörschlag to moken: »Kinners, wat holt ji dorvon, wenn wi dör de Weide no Huus goht, dat givt wat Feines to'n Äten. Use Mama hett kokt.«

De Kinner sünd inverstoh'n, se kriegt Hunger un sünd neeschierig, wat dat to Äten givt. De ganse Horde, Papa ingesloten, is mächtig kaputt. So watschelt se dör de Weide achter Papa her.

De Botterblomen bleiht in Sünnengeel un poor bunte Flatteruhlen schwirrt dör de Luft. De Anblick reizt Papa to biologisch- schmetterlingskundliche Upklärung, weil he jüst up eenen Grasbüschel dicke Rupen entdeckt.

»Kinner, wät ji, wo de Schmetterlinge her kaumt?« Dat weet keener un he reziteert regelrecht: »Denn kiekt moll hier, seht ji? Wenn so eene Rupe dick un olt un fuul wurn is, denn verpuppt de sik. Dat duert eene Wiele un denn kummt een schöner junger Schmetterling ruut.«

De Kinner staunt. Dieter, dat Geburtsdagskind, kikt sinen Vadder erstaunt von boben bet ünnen an un mokt em düssen Vörslag: »Papa, denn verpupp du di ok moll!«

Leben as eene Katte...

Och, dat wör dat Richtige, aver leider isset för us Minschen nich möglich. Wenn'n de Stuventigers genau beobacht', kann'n von jem väl lehr'n.

Katten weet jümmer genau, wat se wüllt, wat ik von mi nich jümmer seggen kann.

Katten krigt, wat se wüllt, wat Feinet to'n verputzen, dat Fell önnig krault udder ehren Slop. Se sünd de wohrhaftigen Meister von de Gelotenheit. Se deelt sik dat Leben no ehre Bedürfnisse in. Se legt sik in de Sünn' udder up de Sofas un geneet' schnurrend den Dag no Lust un Lune. Katten, tominnest de vertogenen Stubentigers, sünd utkörsch, jüst dat Beste is för jem goot genog.

Legst jem een olet Sofokissen hen, nehmt se siker dat schöne witte Nee to'n Rümlümmeln. Fiene Leckerlis twüschendör föddert se direkt an, dat sünd se sik enfach weert.

Se schnurrt us üm de Beene, rievt dat weeke Fell an use Beene, un kiekt us mit wunnervullen, unergründlichen Ogen an.

Süh, un hier künnt wi us all eene Masse afkieken. Een wunnerboret Äten geneten, nich hetzen, bummeln goh'n, ohne up de Tiet to kieken, den Mitminschen wat Leevet seggen - enfach moll so twüschendör. Dat sünd wi us doch ok woll weert, udder?

Katten sökt sik ehre minschlichen Frünne genau ut un vertrot se jem vull un gans.

Künnt wi egentlich dat Glieke seggen von use Frünne, un de von us?

De Gelotenheit von de Katten is spräkwürtlich. Se rekelt un wöhlt sik geneterisch up usen Platz. Wenn se dorvon runnerscheucht weerd, schnurrt se glieks wo anners füdder.

Wat möken wi woll, wenn us eener von usen leevsten Platz smeet?

Wenn een direkt vör use Husdör parkt udder sik överall vördrängelt, regt wi us glieks up. Worüm egentlich? Dat giv us gor nix! Dat köst unnödig Energie un lohnt sik afsolut nich. Musst enfach gans deep Luft holen un denn Blooddruck nich hochjogen. Weeßt jo, schimpen mokt faltig un Arger mokt de Nerven kaputt.

Lach' di enfach een't öber unangegnöhme Mitminschen un frei di, dat du nich so büst.

Eene Katte mokt nix, wat se nich well, se wiest de Krallen, wenn dat nötig is.

Mi seggt düt, dat ik ok moll »Nää« seggen mutt. Man brukt doch Tiet för sik, üm fein stellt to blieven.

Katten sünd de enzigen veerbenigen Deerter, de den Minschen klor mokt hett, dat he jem erholen, plegen un foern mutt. Nixdo'n mokt önnig Spoß, wenn man egentlich veel to do'n hett. Man kann jo ok nich allens up eenmoll do'n, aver man kann allens up eenmoll loten. Mokt de Minsch groode Sprünge, fallt he meistens up de Snuten, Katten fallt jümmer up de Poten. Düt un noch väl mehr hebbt us de Katten vörrut!

Landkinner lävt gesund

Stadtminschen glövt jümmer noch, dat se de Tokunft neet erfinnen dot. Sogenannte Start-ups, ton Bispell Green-Citys, weerd grün'nd, un denn möglichst as ökologische Aktschonen an annere Stadtbewohner verköft. Düsse Neerungen sünd siker wertvull, üm de Luft enigermoten rein to holen.

Aver siker is, dat Landkinner düsse angävlichen Innovationen all lange kennt. Wenn man up'm Lanne upwasst, kriggt man de wichtigsten Läbenslektionen all mit de Muddermelk intus. Düsse neen Philosohien lehrt dat Landkind also all von lütt up, gans ohne Apps.

Landkinner wät ok, dat dat Landläben nich romantisch is. Landwirtschaft is keene heele Welt, sonnern harte Knokenarbeit. Väle Landminschen sünd keene Buern, aver de meisten hebbt ehren Gemüsegoern un kriegt dat ok mit Schädlingen un schlechtet Wedder to do'n. De Erdräge von de Gemüsebeete weerd inne Köken as Mohltieten verarbeit'.

Kinner dröft de dann in Formen von leckeren Rezepten utprobeern un geneten. Up'm Lanne hett de saisonole Köken den Vörrang vör Fastfoots aller Sorten, de ohne Froge väl gesünder is as Fabrikware.

Wäkenlang ernährt sik de Landminschen prieswert un gesund von Spargel, Erdbeeren, Rhabarber, Gurken, Tomaten, Appels, Kürbis un Kantüffen.

Landkinner wät, woher de Melk kummt: von de Keihe un nich von Aldi ut de Tuten. Landkinner brukt wenig Spältüg, weil se dat meiste buten find: Kienappels, Stöcke, Steene, Sand. Mit väl Phantasie mokt se dormit de schönsten Spelle. Fernseher un Handys vergät se meist dorbi.

As fröher up'm Lanne Gebursdag fiert wör un de Gäste kömen, frei' sik de lüttje Heinzi gans dull, weil de Tanten jümmer wat mitbröchten. Sine Mudder harr to'n Gebursdag inlaad' un Heinzi kasseer' denn ok ses Tafeln Schokkelode in. Mit de tög' he gans trofreern af.

No'n Tied lang fünn' em Mudder up'm Hoff, wo he gans in sik versunnen stünn. Se woll weeten, wat he harr. He sinneer': »Kiek doch bloss moll, Mama, säben Autos sünd kommen, un bloss ses Tofeln Schokkelode! Dor mutt doch eene so rinkommen wäden!«

Louis sie'n Opa

Also, ik hebb den besten Opa von de Welt, weil he mit mi Football spält un Geschichten vertellen kann. Ik weet jo, dat dat Lögengeschichten sünd, aver Opa weet nich, dat ik dat weet.

Opa is Rentner. He kann sik jo frei'n, dat he all 67 Johre olt is un weet, dat he all lange lävt hett.

Mi'n Uropa hett domols inne Steentiet lävt. Innen Altertum gävt dat ok all Opas un je fröher de up de Welt kömen, desto affiger keeken se ut.

Hüte sünd de Opas minschlicher wurn, hebbt keen Apengesicht mehr un lopt up twee Beene, aver foken hebbt de Kneen Bronchitis.

Je öller de Opas weerd, je dürer weerd ehre Tähne un Brillen. An sinen Kopp is min Opa gans barfoot.

Opa is Buer wäden, dat is nu mi'n Papa. Innen Winter hebbt de Buern nix to do'n, denn mokt se bloß Dünger.

Mama hett Peer, se kann goot riern, se kummt jo ok ut ecne Peerfamilje.

Bi us givt dat Höhner un eenen Hahn. De Höhner sünd flietig mit Eier leggen, aver de Hahn is'n fuulen Hund. De lett sik von de Höhner drägen.

Min Opa süht nich schön ut, aver ik hebb em trotzdem leev. Man kann sik ok leeven, wenn man olt un schrumpelig is.

Ole Leev kann nich rosten, seggt Opa, weil de ut Edelmetall is. Dorüm schenkt he Oma woll ok to Wiehnachten un Geburtsdag Kedden un Broschen. Oma hett eenen Kasten vull Edelmetalle.

Oma mag ik ok geern, aver leeber hebb ik Opa, weil Oma mi jümmer so feucht afknutschen well.

Opa vertellt, dat Keerls heiroten möt, weil se nich koken künnt un jümmer äten gohn väl to düer is. Opa un Oma hebbt ok moll Striet, dat mutt so wäden, denn de Striet is eene schöne Afwesselung in de Leeve twüschen jem.

Wien, Beer, Oma un Läberwustbrot sünd Opas Liefspeisen. Leider hebb ik keenen Hund, weil Mama vegetarisch is, aver ik hebb eenen Opa, mit den goh ik spezeeren. Opa meent, dat Enkel eene Entschädigung sünd, de Gott för dat Oltwern givt.

Oltweern, seggt Opa, is dat enzige Middel, üm lange to läben. Ik möcht ok Rentner weern, aver dat väle Spazeerengohn kann nerven.

Opa betont: »Junge, slo de Böker to, mok den Kopp open, dormit nix mehr ringeiht!«

Ik glöv', dormit well he mi verorschen. Annen leevvsten späl ik mit Opa Korten, weil he nich markt, wenn ik schummel. Opa is een Keerl, de wat leistet hett, wat Hand un Foot hett.

Ohne Opa, Oma, Papa un Mama harr mi dat gor nich gäben. Dat wör doch to schade wäden!

Lutz bringt de Welt in Ordnung

De lüttje Lutz harr Langewiel innen Kinnerzimmer. He seet up'm Bodden un schöv de Spälautos hen un her, mök lustlos ut Legosteene een Bowark, smeet dat üm. Gor nix mök em Spoß.

He stünn up un löp no de Stuuv. Vadder schöll mit em spälen, dorto harr he groode Lust. Aver Vadder harr oberhaupt keene Lust dorto. He woll sine Zeitung läsen.

Lutz quengel' luer rüm. Vadder öberlegte, womit he sinen Sprößling beschäftigen könn. Dat mösst wat Önniget, Lehrrieket wäden, de Bengel wör plietsch för si'n Öller von ses Johren.

Vadder blöer' sine Tietschrift eben dör un fünn ok wat. Eene ganse Siete, wo de Eer afbild' wör, bäten komplizeert un detailriek, aver genau dat Richtige.

De Siete reet he ruut un schnippselte de in väle lüttje Deele. De geev he den Jungen un eene Pappe, dor up schöll he de Schnipsel to'n Puzzle moken.

Gewiss wör Lutz mit düt Puzzle lange Tiet beschäftigt. Dorbi könn he sogor ok Eerdkunde lehr'n.

De Jung güng mit dat Papa-Puzzle in si'n Zimmer, sett' sik in eene Ecke un fung an, de Schnipsel tohopen to setten.

No ungefeer teihn Minuten löp he dormit no Vaddern, un wies em dat tohopengesette Eerdbild. Vadder könn dat kuum glöben, dat Lutz dat so fix schafft harr – wör si'n Söhn een Genie?

»Och Papa, wör gans enfach! Up de Rücksiete von de Schnippsels wör een Minsch afbild'. Den hebb ik tohopensett. Siehste, un as de Minsch in Ordnug wör, wör ok de Welt wedder in Ordnung!«

Mudderdag

Jedet Johr ward an eenen bestimmten Dag an alle Müdder dacht.

Ehre Insätze weerd mit Blomen, Pralinen, Gedichten un välfältigen Geschenken belohnt. Dat is de Mudderdag.

Worüm fiert man düssen Dag? Wie is de entstoh'n, un wo? Sienen Ursprung nöhm he 1872 in Amerika, weil Julia Ward Howe, eene bekannte Froenrechtlerin, dat richtig befünn', amerikanische Müdder eenen Dag to gäben, dormit de för all ehre Möhen ehrt wören.

Aver irst 1914 wör de Mudderdag dör Anna Jarvis, ebenfalls Froenrechtlerin, in Amerika inföhrt.

In Dütschland givt dat den Mudderdag siet 1923. Dat schall de Verband Dütscher Blomen-Geschäftsinhaber veranlasst hebben.

Jeden Mai, wenn de Mudderdag rankummt, hebbt alle Floristen ehre Hochkonjunktur, weil Blomen jümmer noch dat leevste Geschenk to'n Mudderdag sünd.

Dat Husfroenklischee von fröher hett sik längst öberholt, weil väle Mamas arbeiten goht, un Papas ok eenen Deel von de Husarbeiten mokt. De Kinner weerd meist gemeensom groottogen.

Dat Gegendeel von Mudderdag is de Vadderdag an Himmelfahrt, egentlich is düsse Dag bloß inoffiziell. Düt is aver upfällig twüschen de »Gedenkdage«: No den Mudderdag kummt jümmer een Mondag, aver no'n Vadderdag een ganset Wäkenenne ...

De Papas künnt sik dree Dage no den, välfach as Suuptouren beteekneten Dag, glatt dree Dage erholen. Aver de Mamas hebbt bloß den Sönndag, wo se offmols de Familje mit Omas un Opas annen Disch hebbt.

Dor is nix mit Siesta!

Hett Gott desterwägen de Müdder mokt, weil he nich öberall wäden kann? Eene Mudder hett jümmer Öffnungstieten: Mondag bet Sönndag, von Klocke 0:00 – 23:59, ok Fierdags.

Kinnerbreefe för Mamas to'n Mudderdag: »Leeve Mama, frei di! Denn to'n Glück hest du jo mi! Ohne mi könns du jo gor keenen Mudderdag fiern!«

»Liebste Mama, hüte is Di'n Dag! Lot doch dat Geschirr bet morn stoh'n!«

»Du büst mine Lieblingsmudder, dat givt keene betere!«

»Mama, du sühst noch jümmer enigermoten goot ut, aver man kann sehen, dat du moll jung wäden büst. Trotzdem hebb ik di leev.«

»Mama, du hest mi lehrt, mit Geld ümtogoh'n. Man kann bloß so väl utgäben, as man to Verfügung hett. Schade, dat use Staat keene Mamas hett!«

Kinner künnt gans kommunikativ wäden. Manche künnt bet 300 Mal »Mama« ropen - twüschen morns un middags.

Mamas sünd eene GmbH - Goh moll, mok moll, bring moll, hol moll. Dat heet jo: De besten Mamas weerd loterhen to Omas befördert.

Eene öberfödderte Mudder stöhnt: »Een Läben as Koalbär künn mi goot gefall'n. Nachtaktiv wäden, 20 Stünnen slopen un den Rest vonnen Dag äten un niedlich utseh'n!«

Öberläben innen Krankenhuus

Dokter Sheldon Blau wör Arzt an eenen amerikonischen Krankenhuus. He hett annen egenen Lief belävt, wat dor allens passieren kann. Düsse schlimme Erfohrung harr he fast nich öberlävt. Dorno hett he een Book schräben mit den Titel: »Wie kommt man lebend aus einem Krankenhaus heraus?«

Düt sünd sine Tipps för Patienten: »Markiert Se vör den Ingriff mit'n Stift de Steer, an de operiert weern schall.

Schrieft Se groot Ehren Namen up een Stück Papeer un klävt Se dat an Ehrt Krankenbett, un eene glieke Notiz an de Wand dor achter.

Richtet Se jümmer düsse Bitten an Dokters un Krankenschwestern: »För jede Ünnersökung unbedingt Hänne gründlich waschen!«

Wenn een annerer Patient up Ehre Etage den glieken udder eenen ähnlichen Nomen hett, bittet Se unbedingt up Verlegung. In de Hektik von den Krankenhuusbedriev kummt dat jümmer wedder moll to Verwesselungen.

Sorgt Se dorför, dat eene Liste von Ehre Allergien sichtbor an Ehrt Bett, udder an de Wand hangt.

Lot Se sik jeden Dag von de Krankenschwester seggen, welket Medikament Se kriegt un wo hoch dat doseert is.

Komplizeerte Operatschonen schölln Se nie an eenen Fredag moken loten. Annnen Wäkenenne is goot gescholtet Personol jümmer knapp.

Lot Se sik bloß nich in den Monat Juli opereeren, weil in düssen Monot nee Studenten von de Uni kaumt.«

(Hamburger Abendblatt, 4.8.1997)

Düsse Tipps sünd siker jümmer gültig. Ärzte sünd bekannterwiese Minschen, de de latinschen Nomen för Krankheiten wät. Dormit kann de Patient meist nix anfangen un he kriegt dat mit de Angst to do'n.

Angst is de lüttje Bewies för Sachkenntnis, wat dor up di tokummt, wenn de Upschnieder (Chirurg) innen OP mit de Mannschaft in Giftgrön up di tövt.

Is dat goot, dat dat Krankenhüser givt! Aver vergitt nich: Jede Klinik hett Nebenwirkungen.

Ole Huusmiddel gegen Verküllung

De Winter-Monote sünd gefährlich. Ruck Zuck kann di Verküllung anfall'n. Bruukt di man bloß eener antohosten un hartlich »Hatschi« in dine Richtung pruschen, denn öberfallt di de Viren, kreept in di rin: aver so wat von Hallo - denn hebbt se di!

Fründliche Ümarmen un Hänneschüddeln mutt'n noloten, wer weet denn, ob de Minschen sik nich vörher utgiebig in de Hänne hostet hebbt.

Dörklinken, Inköpswagen, Spräkzimmer bi'n Dokter - allens kann infizeert wäden. För eene Verküllung kann jo keener wat, aver mannigmoll kanns denken, dat di eener afsichtlich sinen Hosten un Schnötteree andreiht, wenn he di eenen Schmatzer updrückt.

Dat duert ungefeer twee Dage un du föhlst di schlapp un elend. Also, lot di bloß nich as Drucksake behanneln, wenn di eener üm'n Hals fallen well. Hol Afstand - unbedingt eene Armlänge! Weeßte Bescheed?

De Hosten is nich bloß de Wintersport von de lüttjen Lüe, den künnt ok rieke Minschen kriegen, dor mokt he keenen Ünnerscheed.

Hinni Vollmers wör'n Melkkutscher, un gans selten krank. Meist wör he buten up den lüttjen Hoff togange. He harr neben de Melk-Kutscheree twee Swiene, twee Schape, eene Beamtenkoh (Zäge), säben Höhner un eenen Hahn to versorgen.

Wenn he marke, dat de Hosten bi em henlangen dö, greep he sik'n Schnapsbuddel, drünk den to'n Drüttel up eenen Zug ut, smeet sik up den Schesselong mit'n dicke Wulldecken un füng an to sweeten un to snorken. Annern Dags stünn he up, löt sik poor deftige Schluck Schnaps dör'n Hals lopen un güng no buten.

Middags spöl' he den Rest ut den Buddel runner un slöp bet avends. Nächsten Morn ratter' em de Schädel, aver no eenen Liter Mölk harr de Hosten keene Chance mehr un de Schnötteree smeet he buten weg.

Sine Fro Line röp, dat sin Hosten sik väl bäter anhören dö.

»Keen Wunner« , brumm' he »ik hebb jo ok önnig övt!« Sine Familje kenn' düsse Prozedur, dat wedderhol' sik jo jedet Johr bi Vaddern. Schnaps un Schesselong wör'n sine Huusmiddel.

Aver denn kreeg Vollmers Line de Verküllung, dat ganse Programm! Se harr ehrt egenet Rezept gegen Grippe un Co. - Höhnerzuppen, de hülp jümmer ... Aver dorför mößt' een Huhn innen Pott. Tscha, un wie dat so köm, de Verküllung greep üm sik un ehre dree Kinner leegen flach.

Dat geevt eene ganse Wäke lang Höhnerzuppen. Hinni wunner sik, dat he man bloß dree Höhner to Gesicht kreeg.

He stäbel' bedächtig inne Stuven, wo de Kranken langsom wedder to sik kömen un brummel': »Kinners nochmoll, nu is aver Schluss mit Verküllung! Ans so frät ji mi de lesten Höhner ok noch up!«

Von Schimpen un Fluchen

Jeder Minsch mutt Damp afloten, wenn he sik önnig argert hett.

Meist argert he sik öber sine Mitminschen. Is jo notürlich, keen Minsch is'n Automot, wat een Glück!

Dat kummt aver gans dorup an, wat man för Schimpwürter bruukt. Offmols kummt spontan »Sch...!« ut'n vergrellten Mund, aver düt Wurt is tabu, ans is de ganse Bildung innen Mors. Düt »Schietwurt« is nich vör den Gebruuk gedacht. Man kann ok kreativ schimpen un dormit den Wurtschatz utwieten. To jede Tied lot sik nee Schimpwürter erfinnen. Unanstännige Würter nimmt de gebildete Schimper un Flucher nich innen Mund. Infallsriektum is frocht.

Dorbi lot sik bi Kinnern gans nee Schimpwürter hören, wenn se sik striert.

»Mensch, du hohle Matschrübe - du müffelnde Pupsmotte - du oller Schnurzrüssel - du vollgekleeter Matschbengel - du unehrlicher Sabbelfürst - du oller Leiermann!«

Aver ok bi'n Schimpen mutt de Minsch Minsch blieben un Anstand bewohren. Anstand is, wie man sik benimmt, wenn'n alleen is. Damp afloten kanns du mit düsse enfachen Standart-Würter, wenn du Egenschapswürter vöranstellst: »verluster Trottelbär, körtsichtiger Esel, blinne Koh, komischer Schlaumeyer, gedankenloset Schap, graue Hohlnuss.« Dormit klingt dat Schimpwurt doch glieks utsagekräftiger un de grötste Damp is bi di aftogen un du hest Afstand schafft to dinen Gegenkandidoten.

Schimpen is notwennig, wenn de Minsch sik argert. Würd' he allens dolslucken un nix rutloten, kreeg he dat no eene gewisse Tied mit de Psyche to do'n. De lett nich mit sik spoßen, no een gewisset Quantum an Arger wehrt se sik. Dat markt de Minsch spätestens denn, wenn he sik sülmst nich mehr begrippt un si'n Spiegelbild grüßt. Denn hett he

Termin bi eenen Spion, de bi em de Empfindungen utgravt - den Psychologen. De Seelenklemptner stellt dat Sülmstbewusstsien meist wedder her, indem he den Minschen, de up dat Froge-Sofa licht, Löker in den Buuk frocht.

De Reeknung von dat Froge- un Antwurtspell, udder beter gesecht, vonne Seelenforschung, kann denn önnig up Portemonnai un Gemüt slon!

Is doch beter un günstiger, sik mit Würtern erfolgriek to wehren. Unendlich väle Würter lot sik mit Köpfchen tohopenstell'n, man kann dormit herrlich schimpen un beindrucken.

Aver dat kummt wedder up den »gooden Ton« an. Irstens draff man mit gans harte Würter keenen swor beleidigen udder weh do'n, tweetens künnt kreative Schimpwürter befreend wirken, un de Gegner markt up, wenn he as »gut gestylter Tarzan« beschimpt ward.

Wer aver in Wut geroert un »uneinsichtige, grünliche Bazille!« ruuthaut, hett meist noch een poor Lacher up sine Siete. Dormit hett sik de gefährliche Moment entschärft.

Wer nu nich so Schimp- un Fluchwurt erfinderisch is, kann sik mit eene Sammlung ut 7.000 wüste Würter wieter bilden. De Autor Roland Riss hett för jede Läbensloge de passende Beschimpung parot. Lange, körte, ole un nee Würter sind bi em to finnen. De hett he överall upsnappt un in een Book tohopenstellt. In dat Book weerd de Ünnerscheede twüschen Schimpen un Fluchen beschräben.

Fluch kummt von Verfluchung un hier sünd de Würter väl derber as bi'n Schimpen. Fluchen is mehr een Utrop udder een böser Wunsch. »Scher di to'n Dübel!«

»Verflucht nochmoll!« De olen Ägypter sünd vör Johrdusenden all infallsrieker wäden as usereens hüttodage. Se wörn domols all eene fluchende Hochkultur.»Een Krokodil schall di fräten!«

»Hagel schall di'n Korn vernichten!« So wat hebbt se de strietboren Nobers domols wünscht.

Dormit de Verfluchte dat nich vergäten dö, kreecht he eene Verfluchungstafel ut Ton.

Schimpen un Fluchen is nich ut de Welt to schaffen, dat givt et överall. Väle gemeine Würter sind längst ut de Mode un annere entstoht jümmer wedder vör all'n dör Dialekte neet.

Schimpwürter sind von jeher Baldrian vör de Minschen wäden, weil no Schimpereen wedder de Ruhe inkehrt, wenn de Damp afloten is. Schimpen deit verflucht nochmoll good!!

So füng dat an

Een gans düchtiger un fähiger Regeerungsbeamter harr dat endgültig satt, jümmer noch up sine lange togeseggte Beförderung to töwen. Si'n Chef wüßt', wat he an em harr, un versprök em seit Johren all, dat he dat ingange bringen woll. Aver nix dö sik, rein gor nix!

De düchtige Beamte föhl' sik to Recht verorscht. He güng in dat Chefbüro un beandrogte gans energisch sine Beförderung. De Chef füng an to toben, dat güng jowoll nich an, so wat! Dat bestimm' jümmer noch he, wer befördert wör. He geror' önnig in Rage un kehr' den Boss ruut, bet denn de Beamte no de ungerechte Behandlung dat Büro verlöt.

Eenes gooden Morns kreeg de Chef eenen »streng vertraulich« adresseerten Breef, worin eene ole Fabel to lesen wör: Eenmoll leevte een König, de nöhm eenen Propheten inne Deenste, de schöll em dat Wedder prophezeien. Eenes gooden Avens woll de König fischen goh'n, un de Ort, wo he fischen woll, legt dicht bi dat Huus von sine Leevste. Dorüm woll de König sine schönste Kleedasche antehn.

He befrögt sinen Propheten, ob dat woll dröge blieben woll. De antwurte: »Jau, min König, dat regnet nich, nich eenen Drüppen.«

Also tög de König de feinste Kleedasche an un mök sik up'm Pad. Ünnerwegens köm em een Buer entgegen, de up eenen Esel seet. De Buer bekeek sik den König un meen': »Min' König, wenn du nich wullt, dat dine beste Kleedasche natt ward, denn goh fix no Huus, denn glieks givt dat'n Wulkenbruch. De is nich von schlechten Öllern!«

De König keek bedrappelt un anterte: »Du Buer, ik hol mi vör düret Geld eenen Propheten, de mi dat Wedder prophezeit un de seggt, dat regent nich, nich eenen Drüppen!«

De König marschier' stramm füdder un löt den Buern stoh'n. Un denn köm de Wulkenbruch mit Macht, un nich von schlechten Öllern!

Sine Kleedasche hüng klatschnatt an em rünner un sine Leevste lach' em ut, as se em to seh'n kreeg.

Totol erledigt schleek de König sik anne Burg, jögt den Propheten inne Walachei un befehligte de Deenerschaft: »Holt mi sofort den Buern her!« Se holten em un de König seggte: »Buer, ik hebb den dämlichen Propheten wegjogt. Nu will ik di in mine Deenste nehmen. Du schasst mi nu dat Wedder prophezeien!«

De Buer anterte: »König, ik bün doch keen Prophet! Ik hebb doch nix wieter do'n as minen Esel ankäken. Wenn dat nämlich regnen well, denn lett he de Ohrn hangen. Je deeper he se hangen lett, desto düchtiger fallt de Regen, un an düssen Avend löt he se gaans deep dol hangen.«

De König kratz' sik annen Kopp un födderte: »Denn goh no Huus, Buer! Ik will den Esel in mine Deenste nehmen.«

Jau, un so füng dat ganse Dilemma an! Un seit de Tied sitt de Esel in allen hochbetohlten Regeerungsämtern.

Öbrigens: De Beamte is no düssen Breef versett wur'n.

So wat von zwecklos...

Een Vertreter hett dat verdammt swor. Keen Minsch freit sik, wenn so een an de Huusdör klingelt un sine Geschäfte anbeert. Genau so güng dat eenen Vertreter von eene grode Bookgemeenschap.

Goot gescholt dör Seminare smeet he man bloß so Funken vör luter Insatz för sine Firma un nöh'm glieks eenen erfolglosen Kollegen mit. Düssen woll he wiesen, wie man potentielle Kunden infüng. Forsch klingel' he an de Huusdör.

»Goden Dag, gnädige Fro!«, begröt' he dynamisch de graumelierte Huusfro »Secht Se moll, hebbt Se Rilke innen Huus?«

»Rilke? Nee, ik hebb keenen to Huus!« Se schüddel' ehren kruusen Kopp un dat karierte Stoffdook.

»Na, seht Se woll! Aver wi süht dat denn wol mit Lessing un Kant ut?«

»Hebb ik ok nich!!«

»Na eben! Un wat is mit Heine un Böll?«

»De kenn' ik nich!«

»Dor hebbt wi dat all! Un wie steiht dat denn woll mit Homer, Cicero un Owid?«

Se schüddel' jümmer noch den Kopp, de Brill wör dorbi deep up de Näse rutscht. »De sünd mi ok unbekannt.«

De Vertreter bo' sik risch vör de Fro up un keek ehr scharp an.

»Aver, aver – gnädige Fro! Nu künnt Se aver heilfroh weden, dat ik bi Se klingelt hebb! Draff ik moll eben rinkaumen, un Se mit de Lieferbedingungen von mine Firma bekannt moken? Dat lohnt sik aver gans gewiss för Se!« Nu wink' de Fro aver mächtig mit dat Dook hen un her un röp.

»Och nää, nää! Dat is gans zwecklos!«

»Zwecklos?«, staun' de Vertreter un tögt de Ogenbroen inne Höchte.

»Jo, jo, gans zwecklos! Wät Se, ik hol rein gor nix von düsse needmodschen Putzmiddels!«

Stüerprüfer in'n Krankenhus

Jedet Johresenne isset dat Glieke: Dat Finanzamt schickt eenen Stüerinspekter to Prüfung in dat Krankenhus.

Düsse gesetzlich autoreseerter Taschendeev is gor nich gern seh'n! De Finanzbehörde verlangt jedet Johr Utkunft öber de Herkunft von Inkünften un Ingaben mit Angaben öber de Utgaben.

Beamten sünd bekanntermaten von den Staat betohlte Pensionsanwärter in unkündborer Stellung. -

Dütmol kummt een öllerer, wichtig kiekender Experte, üm sämtliche Ünnerlagen to öberprüfen. Gnaddelig mokt he sik an de Akten mit de Utgaben. He lett den Geschäftsföhrer ropen, kikt den dör scharpe, runne Brillengläser stur an,(siker sine vermeentliche Intelligenz-Prothese) , un knurrt: »Ik stell' hier fast, dat Se bannig groode Mengen an Verbandsmateriol inköft hebbt. Wat mokt Se egentlich mit de Reste, de nich bruukt weerd?«

De Geschäftsföhrer kikt den Kleinkämer an, öberlegt kört un antwurt: »Reste weerd jümmer sammelt un denn schickt wi de an den Hersteller trücht. De schickt us denn köstenlos eenen Groot- Karton mit Verbandsmateriol.«

»Jo denn!«, brummelt de gewätenhafte Inspekter. He is bäten enttäuscht, dat he up sine utergewöhnliche Frage eene Antwurt krägen hett. Aver he mokt penetrant füdder, so as dat sine Art is. »Seggt Se moll - wat is dat mit de Plaster-Inköperee? Wo blievt dor de Reste, wenn de Patienten verplastert sünd?«

De Geschäftsföhrer markt, dat de kauzige Prüfminsch em up't Glattis föhren well. Also mutt he em de richtige Antwurt geben: »Och jo - sülmstverständlich sammelt wi de Reste, schickt de ok trücht an den Plasterhersteller, un von Tiet to Tiet kriegt wi dorför eenen köstenlosen Karton mit Plastern toschickt.«

De Prüfer argert sik innerlich öber den gewieften Geschäftsföhrer. De is so aalglatt, eene Swaakstelle mutt de doch hebben! Den well he noch kleen kriegen!

He blöert wichtig in de Akte, räupert sik luut, un denn fallt em eene Schock- Frage in: »Secht Se mi doch moll, wat mokt Se bloß mit de gansen Huut- Knoken- un Organreste, de bi de välen Operatschonen so anfallt?«

De Geschäftsföhrer kokt innerlich as'n Dampkokpott, aver he weet sik weltmännisch to beherrschen. Düsse Finanz-Piefke is afsonnerlich, de mutt aver eene Antwurt vorsett kriegen, dat he endlich verschwinnen deit! He tüht sik langsom eenen Stohl ran, strikt sik de Böxen glatt, sett sik dol un grient den Stüerprüfer in't Gesicht: »No jo, wät Se, ok hier verschwend' wi gor nix! Wi arbeit' hier gewätenhaft un sporsom. Alle Fleesch- Huut- Organ- un Knokenreste weerd sammelt. De schickt wi an dat Finanzamt un eenmoll pro Johr schickt de us von dor eenen kompletten, penetranten Gnatterknilch to!«

Von dat Finanzamt

De wichtigste Funktschon in usen Staat hett de Finanzminister, weil he Stüergelder innimmt un to verdo'n hett. Düsse Minsch is eene seltsome Personolunion von Melkkoh, Hamster un Tiger von de Regeerung.

Em is dat gesetzlich verlövt, us Bunnesbörger deep in de Taschen to griepen. Stüern sünd een verlövter Fall von Räuberee.

Finanzämter sünd Gebäude, up de de Stüertahler stolz wäden mössten, weil se foken prunkvull sünd innen Gegensatz to annere repräsentative Hüser. Bi Finanzämter hannelt sik dat üm wohrhaftig demokrotische Inrichtungen – jawoll, de kümmert sik würklich üm all' Börger!

Öbrigens: Man socht in enigen Finanzämtern un besonners in Grootbanken vergävlich no Toiletten, weil dor sowiese jeder jeden beschitt.

Dat givt väle Arten von Stüern, is jo nich to glöben: **Abgaben:** Sammelbegriff för alle up Grund von de Staats- Finanzhoheit ingedräbenen Alimenteerungen. **Abgabenverordnung:** de Bibel von Stüerindriebers. **Mehrwertstüer:** de Phantasienome för de fröhere Ümsatzstüer. **Lohnstüer:** de Bidrag, den de Arbeitnehmer för dat Wohl vonnen Staat betohlt. **Fixe Kösten:** dat Geld, dat jümmer verdammt fix weg is.

Essigstüer: sülmst Suret givt dat nich ümsüst. **Mineralölstüer:** Versikerungstüer, Wegezoll (Mautgebühren) – dat sünd de wichtigsten Stüern, mit de dat Finanzamt dat meiste Geld innimmt.

De Stüerplicht is de moderne Form von Sklaventum. Veranlagungen sünd Musterungen von Stüerpflichtigen. Stüerrücktohlungen sünd Wunschdröme för Stüertohler.

Aktenteeken sünd intressante Kuddelmuddels von Bookstoben un Tohlen, de de Existenz von Stüertohlern dokumenteert. **Körperschaftsstüer:** hett aver biläbe nix mit dat horizontale Gewerbe to do'n!

Geburtenbeihilfen: sünd nich stüerpflichtig, solange se den Weert von eenen Strampelantog nich öberstiegt.

Kinnergeld: innen Volksmund ok Spaßprämie, sünd staatliche Ünnerhaltstohlungen för de Upzucht von künftigen Stüertohlern. Düsse Stoots-Tohlungen stoht aver in keenem Verhältnis to de Kösten för Lebensünnerhalt un Utbillung von de Gören.

Wer sik Kinner anschafft, draff vonnen Stoot nich hoffen, dorför ok noch Stüer-Togeständnisse to kriegen – he kriegt jo Kinnergeld.

Hebesätze: sünd de stillen Reserven von de Gemeinden. Eenen Uttritt bi'n Finanzamt givt'nich, de Mitgliedschaft end' mit dat Afläben un dorno kann dat Finazamt Arfschaftsstüer kasseeren, wenn de Erblasser wat achterlett.

Innen Bundesfinanzhof holt een Schiedsrichtergremium Hof, weil dat dor öber to waken hett, dat innen fiskalischem Boxkampf jümmer eene genügende Antahl von Stüertohlern öberläbensfähig blivt.

Kapitalflucht nömt man Geld up Urlaub in de Stüer-Oasen. Stüerbetrug ünner betuchte Minschen is Breitensport.

Wenn't brenzlich ward, kann een sik jo körtehand eben sülmst anzeigen, ansonsten gelt düt no Hans Scheibner: »Das macht doch nix – das merkt doch keiner ...«

Von Gelännewagen

In de lesten Johr'n givt dat tonehmend mehr Gelännewagen up de Straaten.

Upfällig is, dat de grötsten von düsse Exemplore meist von Fronslüde stüert weerd.

Besonners vör Kinnergoern un Schoolen parkt de Gelännewagen. Dat sünd meist de Mutti-Taxis, de de Kinner hen un her befördert.

Dat hett sik verännert: In de grooden Autos, düsse XXL-Gelännewagen, stiegt meist lüttje Froen in. Dat schient bloß so, weil de Autos so wuchtig sünd. Jau süh, villicht is düt jüst dat, wat de Froen wüllt - zierlich utseh'n! Den grooden Gelännewagen as Schlankmoker!

So von Gröte 46 enfach fix up 40 kaumen mit gans väl PS! Düsse wuchtigen Autos sünd egentlich dat klassische Keerlsauto!

De Gelännewagen is vör enige goot Situeerte woll een Angeber-Spältüg.

Kanns mannigmoll denken, dat sik bi de Besitter von düsse döstigen Brummer villicht körperliche Defizite utglieken lot.

Fronslüde föhr'n sons meist lüttje Autos, Panda, Twingo, Ka un Smart. Gegen Gelännewagen sünd de man bloß Handtaschen up Röer. Dat Sikerheitsgeföhl spält eene wichtige Rulle. Fro föhrt nich mehr innen Mini up Ogenhöchte mit Lastwagen-Radkappen.

Gor nich to verachten is de Respekt von Autoföhrern, wenn'n mit'n grooden Gelännewagen up de Öberholspor mächtig an de annern vörbisust.

Sikerlich entslut sik väle Fronslüde nich, eenen Riesenbrummer to köpen. Dat wör siker Männersoke. Notürlich mutt een Veelfahrer een gröteret, PS-starket Auto hebben, üm schnellstmöglich von A to B to susen. För nich wenige Keerlsminschen sünd düsse Prachtkutschen een wichtiget Statussymbol. Förster, Jäger un Landwirte föhrt gern grode Dieslschlucker, weil de zweckmäßig sünd.

Kinner, Hunne un Inköpe weerd mit'n grooden SUW transporteert. Fronslüde hebbt ümdacht.

He kann entweder mit'n Firmenauto udder mit ehren Mini no de Arbeit föhren. Dat reekt doch, mehr mokt he sowieso nich dormit.

Froen sitt gern hoch, weil se so den grooden Överblick hebbt.

So as Hochsitz is de Gelännewagen enfach ideol. Un he hett ok noch so'n gewissen Rundümschutz, wat bi'n Inparken gans nützlich wäden kann. Bitte an Fronslüde in Gelännewogen: Benähmt jo nich as inne Wildnis! Föhrt bittschön Strooten- un Geschwinnigkeitsgerecht!

Denkt dor an: Dat givt ok Mini Autos, de Inhalt well gern an'n Leben blieben.

Denkt dor an: De Gelännewogen hett keene ingebote Vörfohrt!

Von Karkenminschen

De Fro von den Dörpspaster is dodgoh'n. He is völlig an'n Enne un ok fürchterlich trorig.

Bi all de Troeree föhlt he sik uterstanne, den nächsten Sönndags-Gottesdeenst aftoholen.

Nu schall aver sine Gemeende nich to kört kaumen, se schall nich up denn sönndäglichen Tospruch vonne Predigt luern möten. De Paster oberlegt un kummt dorbi to wat Önniget. He schickt an sinen vörgesetten Dekan düt Telegramm: »Leider is mine Fro versturben. Ik bitt' üm Ersatz för dat Wekenenne.«

Een Paster kreegt eenen Breef toschickt. As he denn openmök, legt dor bloss een Zeddel binnen. De Paster lees' »IDIOT!« Bloss düt eene Wurt – dat mök em stutzig un vergrellt.

He nöhm' sinen Denkerkopp inne Hänn' un dachte lange no.

»Töv man«, dachte he denn, »düt will ik woll mit Gott sin' Hülpe richtig henkriegen.«

Annen Sönndag vertell' he annen Enne von de groode Predigt von de Kanzel: »Leeve Gemeende, man hett mi all öfter Breefe schreeven un de Afsenners hebbt vergäten, to ünnerschrieven. Aver düsse Weeke hebb ik eenen Breef kreegen, de wör ünnerschreeven, aver de Inhalt, de fehl' gans un gor!«

Een wichtiger, bekannter Bischof is in Soken Karken no New York reist. Dor well he glieks welke inspizeern.

De Reporters sust up em los un frogt em Löker innen Buuk. He steiht tapfer Rede un Antwurt, so as sik dat för eene groode Persönlichkeit gehört.

Een frecher Zeitungsminsch frogt em, ob he denn ok woll Nachtlokole to besöken gedenke. De Bischof verjogt sik ober düsse Froge. Wat schall he bloss dorup antwurten?

He holt deep Luff, he well üm Himmelswill'n jo nix verkehrt moken! Gans schlau antwurt he mit eene Gegenfroge: »Givt dat denn woll Nachtlokole in New York?«

An'n annern Dag köft he sik de groode Dageszeitung un läst dorbinnen den Afdruck von dat gistrige Interwiev mit de dicken Öberschrift: »Erste Frage des deutschen Bischofs: Gibt es Nachtlokale in New York?«

Bi eene karklichen Veranstaltung von ökomenischer Grööte wör de Sömmerhitze so dull un drückend, dat väle Karkenfürsten sik afspröken, dat se utnohmswiese de swarten Jacken un Talare utteh'n woll'n, dat wör nich uttohol'n! De Sweet löp jem man bloss so dol.

All' seeten se dorno erleichtert dor, bloß een Bischof behöl' de swarte, schwore Jacken an un seet gans still. Si'n Nober, de de Jacken ut harr, bög' sik no em hen un frög' gans liese: »Na, ok woll Hosendräger?«

De sweetende Bischof keek gans verkneepen ut un antwurt': »Nee, aver Würdenträger!«

Von Matratzen-Köpen

Wenn du öber 70 büst un ohne Kählen upwokst, büste garanteert dot. Du büst aver noch keene 70 un wenn du upwakst, deit di de Puckel weh, so as jeden Morn. Du schlussfolgerst, dat de Matratzen schuld is. Mutt woll endlich moll eene Nee her. De Ole is all rieklich olt - wo lange liggst dor all up? 15 udder 20 Johr? Wie wör dat nochmoll: Alle teihn Johre schöll man sik ne Nee köpen?

Also Lüe, Matratzenköpen is schlimmer as'n Autoköpen! Dor weeßt du genau, wat för'n Typ du hebben wullt, dor kennst du di ut. Aver bi Matratzen musst du irstmoll Marktöbersicht intus kriegen. Dat geiht innen Internet, un bi eBay givt dat Matratzen in Masse, von priesweert bet düer.

De düerste schall 3.500 Euro kösten, dorvör schall se ok 10 Johre holen! Du glövst, nu geiht' aver los! Du bekiekst di de mittleren Priesklassen, de riet ok noch 'n groodet Lok in't Portmonai.

Aver du wullt jo eene Goe hebben un de för 490 Euro fallt di glieks in't Oge. Dat Dösige is man: Du kanns online nich Probe liggen! Also musst du di in de Discounter dorwöhlen. In de Schaufinster hangt bunte Plakate un wiest doruphen, dat düsse Wäke »Totales Matratzen-Sale« is.

Worüm heet dat nich up goot Dütsch: »Total-Matratzen-Ausverkauf«! Zögerlich kikst du di in den Laden üm, un warst gewohr, dat alle Matratzen üm de Hölfte rünnersett sünd. De seht temlich dünn ut, so wat halv Verhungertet passt nich to di.

»Wat nix köst, dögt ok nix!«, denkst du, geihst in den nächsten Laden.

Sofort kummt een Verköper up di to un well wäten, wat du hebben wullt: »Was solls denn sein? Federkern, Schaumstoff, Taschenfederkern oder Latex?«

Du tuckst bloß mit de Schullern, un de Profi-Verköper weet furns, dat du nix weeßt. Un denn verklort he di Saken, von de du noch nie wat hört hest! Bi'n Matratzenköp gelt woll annere Berotungen as in normalet Verköps-Gewerbe. He vertellt von Milben as Matratzenbewohner, von krankmokenden Beckenmulden, von Sweetplacken, miefende Feuchtigkeiten un böse Allergien.

He weet schienbor allet över dine Slopgewohnheiten: Dat du väl rümwöhlst, masse Platz bruukst, dinen Mitschläper störst ... un dat du schnorkst ...

Denn geiht he mit di dör de Matratzen-Regale. Du lehrst, dat dat unendlich verschiedene Ünnerlagen givt. Up eene Hightech-Matratze liggst du Probe, gans angenöhm is dat. Aver as he di den Pries seggt, steihst du in Sekunnenschnelle risch vör de Luxus-Liege-Stätte. De Pries hett di sotoseggen hochhaut. Dorför kannste doch glatt eenen Luxus-Jahres-Wagen köpen!

De Verköper verdütlicht di, dat du denn eben eenen Mercedes as Ünnerlage hest - as man sik bettet, so liggt man eben! Du holst dorgegen, dat statistisch bekäken de meisten Minschen innen Bett dot goht.

He mokt di klor, dat de Slop een Deev is, de us een Drüttel von dat Läben klaut, un dat Dröme een gesunnet Slopkino sünd, dat se de Reparaturwerkstatt von de Seelen sünd. Uterdem mokt ok annere Saken as bloß Slop up eene nee Matratze bannig Spoß. - Du frogst di, ob de schlaue Verköper innnen fröheren Läben Psychiater wäden is - so'n Dokter, de Leid mit Freud verdrivt ... Du köfst schließlich eene Matratze, de een mittleret Lok in din Sporkassenbook ritt. De psychologisch angehauchte Verköper wünscht di phantastische Slop-Belävnisse: »Wenn Se denn statistisch bekäken höchstwohrschienlich up de nee Matratze dotgoht, denn liggt Se wenigstens gans önnig!«

Von Neureichs

Innen Urlaub hebb ik Familje Neureich kennenleernt. So heeten se nich, aver ik hebb jem so benömt. Mine Fründin mök mi up jem upmerksom. Se harr'n in dat glieke schöne Hotel as wi Quartier nohmen. Wi beide harrn lange up düssen Urlaub in düt Hotel sport.

Wo väle Steerns dat harr, weet ik nich mehr. Neureichs seeten jümmer alleen to de Mohltieden an eenen Disch midden innen Spiesesaal. Se dulden keenen bi sik, se woll'n ünner sik blieven. Se drögen de schicksten Kleedaschen, wi wör'n in Bomwullblusen un Jeansböxen, de Hoor' wör'n von'n Swömmen kruus.

Neureichs wör'n wohlfriseert, een Hoor legt genau up dat annere. Goldümran'te Brillen betonten ehre Gesichter, bi ehr glitzer noch een lüttjen Brilli dor up. Up jeden Finger harr se eenen Ring, dree gollene Armbänner links un an den rechten Arm eene gollne, edle Uhr. He harr sik mit eene swore Panzerhalskeeden, Armband, riesige Uhr annen Handgelenk un groden Siegelring annen Finger ziert. Junge, wör dat eene Schau, wenn se in den Spiesesaal rinrauschten! He geleit' ehr an sinen Arm, un jümmer harr se wat anneres an. He drög utgefall'ne Hemden, Jackets un quietschbunte Slipse.

De mössten jo woll mit'n LKW anreist weeden. Us verslög dat de Spraake, möken de hier Modenschau?

Ok annen Middelmeerstrand füll'n se ut de Rulle. Se in goldigen Strandlatschen, goldglitzernden Badeantog, un lila Lidschatten. He in swarte, Lackglanz-Badeböx, sinen vörgebrünten, gepleegten Buuk schövt he sachte vör sik her. Sinen angrauten Hoorkranz harr he sorgsom mit Gel behannelt, un eene Armani-Wulken ümgeevt em. Oh, watt'n Gedichte!

Wenn de beiden moll in't Water güngen, möchen wi to geern tokieken. Hebbt wi leiders nich beleevt. Avends no de Spazeergänge seeten wi an de noble Hotelbar un bestell'n us eenen Afsacker. Neureichs seeten dor ok. Se bestell'n Martini on the Rocks un Bloody Mary. Siehste, dat wör de fiene Ünnerscheed twüschen jem un us. Wi leisten us bloss Schnaps un se sik Eleganz.

Düt mösst jo upfall'n, wi beide mit »Vom Winde verweht« Köppe un us gegenöber de »Frisuren-Stars«.

»De Läbensstandart von Neureichs liggt siker innen Grand Prix Beriek«, meen' de Fründin liese. »Aver wer weet – villicht is ehr Leebensstandart höger as dat Inkommen? Ob se sik de Petersiljen dör Fleurop inflegen lot?«, lästerte se.

Enige Tietgenossen möt sik mit Luxus ümgeben. Up dat Notwennigste künnt se glatt verzichten. Dor is väl Wind up de Welt. Angeben un Prohlen geiht fix, aver achter de Bless' is nix.

Von Philosophie

De Buerjung Hannes studeerte Philosophie. He harr jo moll den Hoff öbernähmen schöllt, aver de Bueree wör öberhaupt nich si'n Ding. As he in de Semesterferjen up'm Hoff wör, woll Vadder wäten, wat genau he denn studeeren dö. »Dat weeßt du doch, Vadder, Philosophie!«

»Junge, dor ünner kann ik mi nix vörstell'n. Wat genau mokst du, wenn du fertig büst? Kannste dormit ok Geld verdeenen?«

»Vadder, ik arbeit' mit Gedanken, nich mit de Hände. Ik kann mi in annerer Lüe Gedanken rinversetten un jem ehre Probleme lösen. Ik lehr den Ümgang mit de Weisheit. De Pholisophie lehrt mi de Fertigkeit, alle Wendungen von Schicksolen gegenöbertoträern. Züh Vadder, Sokrates hett säggt: Der Kluge lernt aus allem und von jedem, der Normale aus seinen Erfahrungen, und der Dumme weiß alles besser.«

Vadder kratzt sik annen Kopp: »Un worüm ward jümmer öber de Dummen schimpt? Jo züh, wenn dat keene Dummen gäben dö, wüssten de Kloken doch nich, dat se schlau sünd!«

Hannes dachte no, un meen' bedächtig: »Dat de Klökere nogivt, is doch de trorige Wohrheit! Un de öbernähmt irgendwann de Weltherrschaft. Vadder, de Vördeel vonne Klokheit besteiht doch dorin, dat man sik dumm stell'n kann. Dat Gegendeel is all wat schwieriger. Philosophie is enfach de Mot, in eenen grooden Irrgoern rintogoh'n un de richtigen Wege to finnen.

Aver wer in deepen Gedanken vör sik henpedden deit, draff nich de Dör vergäten, wo he ringoh'n is. Ans kummt he in den Ruf von eenen Flüchtigdenker.

Vadder, gans enfache Verklorung: Wenn nämlich dejenige, de tohört, nich weet, wat de, de vertellt, meenen deit, un wenn de, de vertellen deit, nich weet, wat sin Vertellen bedüten deit – dat is Philosophie!«

Vadder schüddel' sinen Kopp un slög in de Hänne: »Jungedi, wenn so'n Philosoph eenen antwurten deit, versteiht'n öberhaupt nich mehr, wat man em frogt hett! Mi is dat Philosophieren to väl Sabbellee, dorvon hol ik nix!

Schient mi so - wer sik öber Philosophie lustig mokt - heet dat in Würklichkeit ok philosopheeren? Och min' Jung, wenn du eenen nich mit Künnen beindrucken kannst, den verwirr' em mit Schwaksinn.«

»Vadder, ik hol mi geern an Konfuzius - de Minsch hett dree Wege, üm klok to hanneln. Irstens dör Nodenken, dat is de edelste, tweetens dör Noahmen, dat is de lichteste, drüttens, dör Erfohrung, dat is de bitterste. Un somit kann ik dörgohnsweg alle Frogen beantwurten.«

»Junge, den froge ik di: Wenn Lögen körte Beene hebbt, wo lang sünd denn de von de Wohrheit? Un - is niederträchtig woll dat Gegendeel von hochschwanger? Kannste mi ok verroern, womit man Water verdünnen kann?«

»Och Vadder! Dat sünd doch Scherzfrogen! Ik denke an wat gans anneret: Ik weet nich, ob dat bäter weern deit, wenn dat anners ward - aver dat mutt anners weern, wenn dat bäter weern schall!«

»Du, ik kann di nich begriepen! Jeder is bäten irre. Aver dejenigen, de ehren Wahn tohopenklamüstert, nömt man woll Philosophen, un de sünd man jüst as Huusbesitter. De hebbt ok jümmer Reparaturen annen Daak.

So'n Philosoph is een Minsch, de all Probleme lösen kann, aver de egenen utgenommen. De den Sinn von sinen Läben dorin süht, eenen Sinn dorin to seh'n -segg' moll, kummt dor jemols wat Sinnvullet bi ruut?«

Hannes geev Antwurt: »Vadder, mine Gedanken kennt keene Grenzen und so kann ik mi jümmer füdder denken un Erfohrungen kriegen. Dormit kann ik Minschen hölpen, to sik sülmst to finnen un jem up den rechten Pad bringen.

Philosophie is de Fähigkeit, in aller Ruhe de Unglücksfälle von annere Minschen uttoholen. Sik Tiet loten is een wichtiget Gebot.«

Vadder slög de Hänne öbern Kopp tohopen un röp: »Junge, denn wünsch' ik di, dat du nie nich eene Strecke mit väle Wege goh'n musst, de von Nirgends to Nix föhrt. Bewohr' di eenen gesunnen Minschenverstand in dinen gelehrten-Frack!«

Von dat Sülmstbewusstsien

»Dat deit man nich! Dat seggt man nich! Sowat tüht man sik nich an - wat schüllt woll bloß de annern von di denken ...«

Wo väle Mole hebb ik dat to hören kreegen inne Kindheit un Jugend! Ik hebb ik mi jümmer so benohmen as ik dat schöll. Ik hebb mi seggt, do, wat du schasst. Hebb mi nich troot, de Kledassche to drägen, de ik lieden möchte. Uterdem harr ik sowieso keen Geld dorför.

Mannigmoll hebb ik mi gans unwoll föhlt, möchte mi nich rögen, bloß nich upfall'n! Wat schöll'n denn woll de anneren denken!

De meisten Minschen ut mine Generatschon sünd so ertogen wur'n: still sitten, de Hänne up'm Disch, un de Klappen holen. Bloß antern, wenn'n frocht wör - so wör dat domols.

Achterran wör dat nich enfach, sik free to strampeln, dat Mul open to moken, wenn dat nötig wör. Sülmsbewußtsien mösste ik noch lehr'n. Dat wör'n aver richtige Lehrjohre för mi!.

Vandage weet ik, dat dat afsolut nix öber mi utseggt, wat annere von mi denkt. To düsse Erkenntnis mutt'n eene gehörige Portschon Sülmstbewusstsien hebben

Jeder mag nich jeden, de Geschmäcker sünd verschieden, un dat is good so. Wat wör dat langwielig, wenn alle dat Glieke dö'n, de glieke Meenung harr'n un de glieke Kleedasche antögen!

Vandage süht dat gans anners ut. De Kinner kaumt all mit de richtige Ladung Sülmstbewusstsien up de Welt un regeert ok glieks de Öllern mit Geschrei.

In de Kinnergorns un Schoolen hebbt de Lehrkräfte dat entschieden sworer as de Kollegen von fröher. De könn'n noch Klapse verafrieken, wenn dat vörluut togüng.

Dat Ganse hett sik dreiht! To väl Sülmsbewusstsien lett sik beobachten, wo Kinner un Jugendliche mit Öllern un Lehrkräfte ümgoht.

Dat is de nee Ellenbogen-Generatschon. Dor sünd Mobbing, Frechheiten anne Dagesordnung.

Loterhen sünd enige de sülmstgerechten Erwassenen, de sik mit Beegen un Bräken dörsetten dot. De Sieger is de Starke, de sik ober allens wegsett un de denjenigen, de all up den Bodden ligt, noch mit de Föten pedd'. Totol Sülmstbewusste hebbt de Fähigkeit, sik as besonnere Originale to föhlen, aver meistens sünd se man bloß Kopien.

Wat för eene Bildung ...

De Dütsch-Ünnerricht in de achten Klasse wör jüst ingange, as de Schoolrot updukte. He güng forsch up dat Pult to, nickopp' den Schoolmester to, un keek strengen Blicks öber de Schöler hen.

De junge Schoolmester stünn vör de Tafel un schreev jüst de Husupgaven för de Klasse up. Schlagortig wör't mucksmusstill, keen Gemurmel, keen Gerangel mehr, gor nix!

Erstaunt dreih' sik de Schoolmester üm un kreeg denn Schoolrot to seh'n. Och, wat een Schreck! Wat woll de denn hier? Köm de wegen de schlechten Dörschnittsnoten vonn düsse Klasse?

De Scholmester reet sik tohopen un begröt' den nich gern gesehenen Gast. De frög ok glieks no, wat de Kinner denn jüst vörn Thema lehr'n schöll'n.

»Innen Moment nähmt wi de dütschen Dichter dör«, wör de Utkunft vonnen Schoolmester.

»Joho, dat is gans wichtig för junge Minschen!«, meen' de Schoolrot »Schöler möt up ehre Bildung achten, möt wäten, wat de Dichter schräben hebbt!

So, denn stiege ik glieks moll mit in: Also, du junger Mann hier vörn - wat kanns du mi von den ›Zerbrochenem Krug‹ vertellen? Ik höre!«

De junge Mann wör Moritz un de kreeg irsmoll keenen Ton ruut. Aver he harr een goodet Gewäten un seggte gans luer: »Ik wör dat gewiss nich, Herr Schoolrot!«

De Schoolrot dreih' sik verwunnert no den Schoolmester hen.»Hebbt Se dat hört? Wat seggt Se denn dorto?« De Schoolmester druckste: »He, he is jo'n Lausebube, de Moritz, aver he hett noch nie nich logen! Un wenn he s- secht, he wör dat nich, denn wör he dat ok nich!«

De Schoolrot keek den Schoolmester unglöv an, füng an to wütern, smeet de Arme dör de Luft. »Wo is dat Rektor-Büro will ik wäten!« Keen

een seggte wat. De Schoolrot sus' ut de Klasse as'n Ungewitter un baller' de Dör achter sik to.

Den Rektor wör de Geschichte, de em de Schoolrot vörbölken dö, gans peinlich. So wat könn' man bloß an düsse Schoole passeeren! Wat för een Lümmel harr denn wedder nich uppasst?

He räusper' sik, srteek' sik nervös ober sin hoorloset Haupt, un stell' sik in Positur: »Herr Schoolrot, ik möcht' nu würklich nich, dat deswägen wat Nodeeliges an use School hangenblivt! – Seggt Se moll, wat kann de Krug denn woll köst hebben? Wenn ik Se nu 20 Euro gäbe, is denn düsse Fall för Se erledigt?«

As eene Söltsäule stünn de Schoolrot, em brök de Sweet ut ober so väl Unverstand. He mök den gebildeten Mund open, japs' as'n Fisch annen Land, un löt hören: »Hier schient de Bildung totol innen Mors to wäden!« He sus' mit openen Mantel von dat Schoolgelände as'n Jagdhund up de Flucht no den Parkplatz hen. Totol entrüstet föhr he torücht in dat Kultusministerium, löt sik glieks bi den Staatssekretär anmell'n, un drög' em düssen Fall von literarischer Dösigkeit vör.

Nodem he sik geistig erlichtert harr, löt he sik ut: »Nu secht' Se sülmst: Düsse Schoolmester liert doch an Denkfulheit! Heinrich von Kleist dreiht sik dorbi siker innen Grabe üm! Oh oh! So eene Dummheit im Geiste! Un denn irst de Rektor!

De hett mi sowat von verorscht, as he mi för den »Zerbrochenen Krug« 20 Euro boern hett! Wat denkt Se? Sünd solke Lehrkörper noch amtswürdig?«

De Staatssekretär hör' sik allens völlig ruhig an. He öberlegte lange un bedächtig. Endlich bewegte he sik, putz' sine Nickelbrill mit'n Taschendook, hüng se sik in Zeitlupentempo üm de Ohren un schöv se hoch up sine lange, dünne Näse. Denn lehn' he sik in akrobatischer Langsomkeit in den Leddersessel torücht, faltete de geplegten Hänne tohopen un legte se sachte up den Schrievdisch af. De Schoolrot wör faszieneert – een siker hochgebil'ter Minsch seet för em!

Langsom schüddel' de Staatssekretär sinen grooden Kopp un keek den Schoolrot bedütsom an: »Ik hebb nodacht. Also, wenn Se mi frocht, würde ik sägen, dat dat mit den »Zerbrochenen Krug« de Rektor wör. Seht Se dat doch moll ganz reell: Gans ohne Grund harr de doch siker nich so fix betohlen wollt ...«

WORÜM?

Och, is dat nich schön, wenn de leeben Lüttjen dull weetbegierig sünd, un Weltwunner un sons noch wat utkundschaften wüllt?

Dat Zentralste von allen Frogewürtern is WORÜM.

Bevör aver düt Wurt ut de lüttjen Münder kummt, fangt de Rangen ehre Frogereen meistens mit Wie, Wo, Wat, Worut, Welke, Wer, Womit, Woher, Wann, Sünd, Künnt, Is, Giv dat, an.

De ganse Familje bemöht sik ut Lieveskräften, in licht verständlichen Sätzen klore un kindgerechte Antwurten to geben.

Aver dormit is de Frogeree nich to Enne, nää, dat geiht irst richtig los.

De lüttjen Racker sünd unerbittlich, wenn se all ehre Frogen verklort kreegen hebbt, frogt se richtig no un sett dat WORÜM gnadenlos in. Düt Wurt drivt de Familje an den Rand vonne Vertwiebelung.

»Opa, Worüm kanns du mi dat nich nochmoll vertellen?«

»WORÜM is de Banane denn krumm?«

»WORÜM hett Papa eene Glatze?«

»WORÜM kummt de Klapperstorch, wenn Mama eenen dicken Buuk hett?«

»WORÜM hett Opa O-Beene?«

»WORÜM mutt ik mi jümmer waschen?«

Mit de Tied ward dat »WORÜM« lästig, besonners wenn twee udder dree Kinner dat Fragewurt stellt un dat den gansen Dag ober!

All wedder: »WORÜM hett de leebe Gott Mama so schön henkrägen un Papa so hässlich mokt?«

Weetbegierige Kinner lot nich locker. Wenn man ehre Frogen beantwurt' hett, wüllt se genau den gesamten Achtergrund von ehre Frogen wäten un dat haarkleen! Se kaumt jümmer wedder dorup torücht. Un man hett sik doch so veel Mühe geben!

»Mama, WORÜM hebbt de Minschen denn irst no de Upklärung lehrt, wie man sülmst Kinner mokt? »Papa, WORÜM draff man no de Hochtied nich mehr tuschen?«

»Min lüttjer Broer is doch längst afstillt. WORÜM mutt de nu noch noch afflascht weern?«

»WORÜM mutt man inne School alles kapieren? Hauptsache is doch, dat man dat kann.«

»WORÜM lot sik de Hähne von de Höhner dreegen? WORÜM sind de so fuul?«

Dusend Achtergrundfrogen hämmert dor up eenen in – Hiiilfe!

Düt Wurt kann eenen to Schreikrämpfe un Sweetutbrüche drieben. Man kann nich mehr!

WORÜM ?

Minsch, bloß nich ünnerkriegen loten un de Fassung bewohren!

Zauberwürter hölpt jümmer!

De vullbesette Fleeger wör kört vör den Start. De smucke Stewadess güng dör den Middelgang und keek genau hen, ob sik ok alle Passagiere mit ehren Sittgurt anschnallt harrn. Se wör tofräden, bet se bi eene Mudder mit ehren fiefjährigen Jungen anköm. De Jung woll sik nich angurten loten, so indringlich sine Mudder em ok toschnackte. Bockbeenig wör he un pedd' gegen de Lehne von den Sitz vör em.

De fründliche Stewardess bückte sik no em hen, tög sinen Gurt hoch un woll em anschnallen. Oh weiahh, do güng aver en Gebrülle los! De Jung smeet sik lang in den Gang hen, un pedd' wild üm sik.

Mudder un Stewardes wollten em hochbören, aver he wehrte sik un brüll' ut Liefeskräften. He woll gor nich uphören, he reet dat Muul wiet open un legte noch enige Dezibel no.

De Passagiere klöterten de Ohren, se keeken no dat Spektakel hen, enige stünnen up un woll'n den Schreihals beruhigen. Keener könn den lüttjen Tyrannen still kriegen. Wat he denn harr, wören väle Fragen. Mudder röp gans verschomt: »Och du leeber Gott! He hett eenen Wutanfall, weil wi nich in de irsten Reege sitten künnt. Un wenn he sinen Willen nich kriggt, brüllt he - he wör all jümmer een Schreikind - ik kann't nich ännern!«

»Dor hebbt Se aver mit de Ertehung gründlich versegt, beste Dame!«, röp een Fluggast. »Giv endlich Ruheee!«, bölkte een annerer.

De Fleeger dröhn' up un bewegte sik in Richtung Startbohn. Up eenmoll wör de Junge kört still, aver denn güng dat Gebrüll wedder los. De beiden Stewardessen wören schier an't Vertwiebeln, mit so wat könn man doch nich starten! De Jung brüll' sik noch de Lunge ut'n Hals!

Se versöchten dat mit Sötigkeiten un goode Würter, hülp nix. Erschlogen hüng de Mudder in ehren Sitz un stöhn' luer: »Düt Kind is mi een Rätsel!«

Een öllerer Herr in Uniform mit blanken Medaillen up de Böst stünn ut de achtersten Reege up, un köm langsom no vörn, wo de Jung mit de Föten üm sik pedd'. He legte de genervte, vertwiefelte Mudder beruhigend de Hand up de Schuller. Denn bög' he sik to den Jungen hen, wies up sine Uniform un flüster' em wat in't Ohr.

Schlagortig wör de Jung still, stünn up, sett' sik artig neben de Mudder un hanteer mit den Gurt to'n Anschnallen. De verdutzten Passagiere klatschten Bifall.

Up den Weg torücht no sinen Platz frögt een Fluggast den Würdenträger erstaunt: »Bittschön, seggt Se mi doch moll, wie hebbt Se den Bengel ruhig mokt?« De Uniformeerte grins' verscmitzt, un vertell': »Ik hebb em mine Bunneswehr- Rangafteeken wiest un hebb em verklort, dat ik jeden upsässigen Passagier ut'n Fleeger smieten draff!«

Von Verännerungen

De Welt üm us verännert sik stännig, nix blivt, as dat moll wör. Dorüm schnackt Minschen gern von ole Tieden, weil de no ehre Ansicht beständiger wören. Wör dat würklich so?

Gewiss nich, dat hett de Minsch nich to Kenntnis nohmen. Verännerungen sünd nämlich dat, wovör de Minschen bange sünd. Vergangenheit, Gegenwart un Tokunft – düsse Zyklen dörlävt jeder Minsch.

De Vergangenheit is gewissermoten de Vörratskammer för de Tokunft. In ehr find' de Minsch dat Rüsttüg, üm dormit sine Tokunft to gestalten. He erinnert sik jo nich ohne Grund – he well tokünftig nich de glieken Fehler moken.

Tokunft is dat, wat de Minschen vör sik herschuvt, aver meist is se all dor, bevör he dat wohrnimmt ... Tokunft is ok de Utrede von dejenigen, de de Gegenwart verpennt hebbt. Naturgesetzlich is, dat Minschen sik von de Jugend an bet in dat Öller verännert. Minschen maat sik an, annere Minschen för sik sülmst torecht to moken. Dat bedrüpt nich bloß den Partner, sonnern ok Fründe. Dorbi dat geiht meist üm Äußerlichkeiten, aver ok üm Denkmuster.

De Minsch holt sik offmols för dat Maat aller Dinge. Meist unbedacht lett he sik von Ideen un Vörstellungen leiten, de unreol sünd.

Mannigmoll is de Welt een Speegel, worin jeder bloß sine egene Siete süht, kummt dorup an, ob de Minsch böse is udder ob he lacht. Villicht sünd inne Vergangenheit so de Pessimisten un de Optimisten entstoh'n.

De Pessimist beschwert sik öber den Lärm, wenn dat Glück bi em ankloppt. He is een Minsch, de glücklich is, wenn he unglücklich is. Ann'n Leevsten möcht he woll inne Düsterkammer wäden un Negative entwickeln.

De Optimist argert sik nich, dat de Rosenbusch Dornen hett. He freit sik dorober, dat de Busch bleiht. He is dorvon öbertügt, dat nich allens scheefgeiht. Optimistinnen sünd ok Froen, de Fettpolster för sexy Kurven holt. Grode Optimisten sökt sogor in de Kuckuksuhr no Eiern.

Dat is woll so: Wer in Zyklen denkt, kann sikerer no vörn kieken. He weet, dat Verännerungen kaumt. Dat lohnt sik jümmer, Zyklen in Denkzonen uptonähmen, so lot sik de Erkenntnisse ok praktisch anwennen.

»Es ist nicht die stärkste Spezie die überlebt, auch nicht die intelligenteste, es ist diejenige, die sich am ehesten dem Wandel anpassen kann.« von Charles Darwin. Dat lohnt sik, moll no vörn to goh'n. Dat is eene annere Sichtwiese, denn wer jümmer bloß achter eene Herde herlopt, hett dauernd Ärsche vör sik.

Laufe nicht der Vergangenheit nach und verliere dich nicht in der Zukunft.
Die Vergangenheit ist nicht mehr.
Die Zukunft ist noch nicht gekommen.
Das Leben ist hier und jetzt. Buddha

Die Autorin

Anneliese Hamann, geb. 1949, aufgewachsen auf einem Bauernhof mit zwei Geschwistern. Von Kindesalter an hat sie Plattdeutsch gesprochen, deshalb möchte sie diese liebenswerte »Sprache« erhalten wissen. Dazu sollen diese Kurzgeschichten in Plattdeutsch auch beitragen. In ihrer Ehe hat sie zwei Söhne erzogen und daneben als Schwesternhelferin überwiegend in der Altenpflege gearbeitet. Sie hat schon immer gern geschrieben, aber um sich das richtige Handwerkszeug dafür anzueignen, absolvierte sie vor vielen Jahren ein Fernstudium in Sachen Schriftsteller-Journalismus. Seit über 20 Jahren schreibt sie für Medien Kreiszeitung »Verdener-Aller-Zeitung« und »Achimer Kreisblatt« und auch für andere Magazine. Schreiben ist einfach ihr Hobby.

Anneliese Hamann

Mordswut un Rachgelüste

Plattdütsche Krimi-Geschichten von Mördereen, Dootschlag un Bedreegereen to`n Gruseln un Amüseern

128 Seiten
Taschenbuch, Format 14 x 19 cm
12,90 Euro
ISBN 978-3-95494-196-4

Jowoll Lüe, ok plattdütsch ward önnig mordet un meuchelt! Överall un jümmerto. Keerls un Frons stoht sik in Abnormitäten un Mordsgedanken nix no. In jeden Minschen kann een Morder stäken, wenn ungewöhnliche Ümstänne dat erföddert. Achtertücksche Mördereen tügt von Hass un Eifersucht. In Gedanken hett jeder Minsch gewiss all eenen aneren in de Hölle schickt, aver to`n Mörder(in) to weern, dor gehört all eene Portion blinde Wut, besonnerer Mut, un dördachte Öberlegungen to. Öbertügt jo sülmst, läst, högt, udder gruselt jo.

Reinhard Sturm
Brönners Begräbnis

Bremen-Krimi
Taschenbuch, Format 14 x 19 cm, 12,90 Euro
ISBN 978-3-95494-198-8

Bremen im Herbst. Das Polizeiboot LESMONA fischt eine Wasserleiche aus der Lesum. Der Mann wurde vor seinem Tod gefoltert und in den Kopf geschossen. Er wird als Mirko Schubert, stellvertretender Leiter der Bremer Bamf-Behörde, identifiziert. Die Tat sieht nach dem Werk von Profikillern aus, aber niemand kann sich erklären, wer ein Interesse an Schuberts Tod haben könnte. Die Mordermittler um Hauptkommissar Bernhard Langer und Kommissarin Sandra Scholz folgen zunächst falschen Spuren.
Unterdessen wird Privatdetektiv Thomas Brönner von einem alten Klienten, für den er nie wieder arbeiten wollte, dem er sich aber moralisch verpflichtet fühlt, um Personenschutz gebeten. Widerwillig, zumal der Klient nicht sagen will, von wem und warum er sich bedroht fühlt, nimmt Brönner den Auftrag für drei Tage an. Er hat keine Ahnung, mit was für skrupellosen Gegnern er sich da anlegt. Und dass er damit auch seine Partnerin Julia Conradi zum zweiten Mal in Gefahr bringt …

Christa Picard
Moorblues

Krimi
Taschenbuch, Format 14 x 19 cm , 12,90 Euro
ISBN 978-3-95494-199-5

Ein Steuerberaterpaar zieht mir seinen Kindern auf einen alten Bauernhof. Aus der alten Fachwerkscheune soll noch ihr neues Büro entstehen. Beim Aushub des Bodens wird tief in der Erde eine Moorleiche entdeckt. Wer ist der gut aussehende, bärtige Mann mit den roten Haaren und wer ermordete und vergrub ihn vor mehr als zehn Jahren im Teufelsmoor? Kommissar Peter Köster hat gerade den Blues wiederentdeckt, als er zusammen mit Gisela Schmidt und der Osterholzer und Verdener Mordkommission mit den Ermittlungen beginnt. Diese führen weit zurück in die Lebensgeschichte der Vorbesitzer des Hofs und hinaus auf die Weltmeere. Welche Rolle spielte der Seemann Hans, in den die Bauernfrau anscheinend verliebt war, und was passierte wirklich auf dem Kreuzfahrtschiff der Carmen-Cruises im Mittelmeer?
Der Blues in seinen verschiedenen Schattierungen begleitet die Aufklärung dieses schwierigen Falls. Nach dem Mord im Moorexpress und Verschollen im Teufelsmoor ist dies der dritte Band aus der Reihe der Moorkrimis.